Das Buch

Herr Palomar – wie wir Bewohner einer hektischen, überfüllten Welt – ist ein freundlicher und stiller Zeitgenosse. Seine Leidenschaft ist das Betrachten: beim Einkaufen, in Gesellschaft, auf Reisen, im Garten. Er bemüht sich, präzise wahrzunehmen, und macht sich seine Gedanken. Gleichgültig, ob er zwei »pfeifend« über den Rasen spazierende Vögel, den blanken Busen einer Sonnenbadenden oder die Auslagen eines Käseladens betrachtet, immer treiben ihn seine Phantasie, seine diskrete Neugier und Vorliebe fürs Große im Kleinen in wahrhaft abenteuerliche Denkspiralen und Selbstgespräche – und damit in schwindelerregende Perspektiven, als enthielte jeder Punkt die Unendlichkeit.

Der Autor

Italo Calvino wurde am 15. Oktober 1923 in Santiago de las Vegas/Kuba geboren. Er wuchs in San Remo auf, kämpfte im Zweiten Weltkrieg als Partisan gegen die Deutschen, studierte Literatur in Turin und arbeitete nach dem Krieg als Journalist und Lektor. Er starb am 19. September 1985 in Siena. Werke u. a.: ›Der geteilte Visconte‹ (dt. 1957), ›Der Baron auf den Bäumen‹ (dt. 1960), ›Der Ritter, den es nicht gab‹ (dt. 1963), ›Die unsichtbaren Städte‹ (dt. 1977), ›Wenn ein Reisender in einer Winternacht‹ (dt. 1983), ›Abenteuer eines Lesers‹ (dt. 1986), ›Unter der Jaguar-Sonne‹ (dt. 1987).

Italo Calvino:
Herr Palomar

Deutsch von Burkhart Kroeber

Deutscher
Taschenbuch
Verlag

Von Italo Calvino
sind im Deutschen Taschenbuch Verlag erschienen:
Das Schloß, darin sich Schicksale kreuzen (10284)
Die unsichtbaren Städte (10413)
Wenn ein Reisender in einer Winternacht (10516)
Der Baron auf den Bäumen (10578)
Der geteilte Visconte (10664)
Der Ritter, den es nicht gab (10742)

Ungekürzte Ausgabe
1. Auflage April 1988
2. Auflage Juni 1988: 21. bis 32. Tausend
Deutscher Taschenbuch Verlag GmbH & Co. KG,
München
Lizenzausgabe mit freundlicher Genehmigung des
Carl Hanser Verlags, München · Wien
© The Estate of Italo Calvino
Titel der italienischen Originalausgabe: ›Palomar‹
(Giulio Einaudi editore s.p.a., Torino 1983)
© 1985 der deutschsprachigen Ausgabe:
Carl Hanser Verlag, München · Wien
ISBN 3-446-14110-3
Umschlaggestaltung: Celestino Piatti
Umschlagbild: Rotraut Susanne Berner
Gesamtherstellung: C. H. Beck'sche Buchdruckerei,
Nördlingen
Printed in Germany · ISBN 3-423-10877-0

Herrn Palomars Ferien

Herr Palomar am Strand

Versuch, eine Welle zu lesen

Das Meer ist leicht gekräuselt, kleine Wellen schwappen ans sandige Ufer. Herr Palomar steht am Ufer und betrachtet eine Welle. Nicht daß er sinnend in die Betrachtung der Wellen versunken wäre. Er ist nicht versunken, denn er weiß, was er tut: Er will eine Welle betrachten, und er betrachtet sie. Er ist auch nicht sinnend, denn zur Besinnlichkeit braucht man ein passendes Temperament, eine passende Stimmungslage und ein Zusammenwirken passender äußerer Umstände, und obwohl Herr Palomar im Prinzip nichts gegen Besinnlichkeit hat, ist im Augenblick keine dieser Bedingungen für ihn gegeben. Schließlich sind es auch nicht »die Wellen«, was er betrachten will, sondern nur eine einzelne Welle und weiter nichts. Im Bestreben, die vagen Gefühle nach Möglichkeit zu vermeiden, nimmt er sich für jede seiner Handlungen einen begrenzten und klar umrissenen Gegenstand vor.

Herr Palomar sieht eine Welle in der Entfernung auftauchen, sieht sie wachsen und näherkommen, sich in Form und Farbe verändern, sich überschlagen, zusammenbrechen, verströmen und rückwärtsfließend verebben. Er könnte sich also nun einreden, die gewünschte Operation beendet zu haben, und weitergehen. Doch eine Welle herauszulösen, indem man sie trennt von der unmittelbar folgenden Welle, die sie vorwärtszudrängen scheint und bisweilen einholt und überspült, ist sehr schwierig – ebenso schwierig, wie sie von der Welle zu trennen, die ihr unmittelbar vorausläuft und sie hinter sich her ans Ufer zu ziehen scheint, bis sie dann schließlich gleichsam gegen sie kehrt macht, wie um sie aufzuhalten. Betrachtet man ferner die Welle in ihrer Breite, als Front parallel zum Verlauf der Küste, so ist es schwierig, genau zu bestimmen, bis wohin die näherkommende Front sich kontinuierlich erstreckt und wo sie beginnt, sich zu teilen und auseinanderzufallen in eigenständige Wellen mit unterschiedlicher Schnelligkeit, Stärke, Gestalt und Richtung.

Kurzum, man kann eine Welle nicht isoliert betrachten, ohne dabei die vielfältigen Aspekte mit einzubeziehen, die zu ihrer Bildung zusammenwirken, desgleichen die ebenso vielfältigen, die sie von sich aus bewirkt. Und diese Aspekte verändern sich ständig, weshalb eine Welle jedesmal anders ist als eine andere; gleichwohl ist freilich nicht zu bestreiten, daß jede Welle stets einer anderen gleicht, wenn auch nur einer, die ihr nicht unmittelbar vorausläuft oder unmittelbar folgt. Kurzum, es gibt Formen und Abfolgen, die sich, wenn auch in unregelmäßiger Verteilung über Raum und Zeit, wiederholen. Da nun Herr Palomar im Moment nichts anderes zu tun gedenkt, als eine Welle einfach zu *sehen*, das heißt ihre simultanen Bestandteile allesamt zu erfassen, ohne auch nur den geringsten davon zu vernachlässigen, wird sein Blick so lange auf der Bewegung des Wassers ruhen, das er ans Ufer schwappen sieht, wie er Aspekte zu registrieren vermag, die ihm zuvor noch entgangen waren. Sobald er dann feststellt, daß die Bilder sich wiederholen, weiß er, daß er nun alles gesehen hat, was er sehen wollte, und kann aufhören.

Als nervöser Zeitgenosse, Bewohner einer hektischen und überfüllten Welt, neigt Herr Palomar zur Beschränkung seiner Kontakte mit der Außenwelt, und im Bestreben, sich vor der allgemeinen Neurotik zu schützen, sucht er seine Gefühle so gut er kann unter Kontrolle zu halten.

Der Buckel des näherkommenden Wellenberges hebt sich an einer Stelle höher als anderswo, und das ist der Augenblick, da er weiß zu schäumen beginnt. Geschieht dies in einer gewissen Entfernung vom Ufer, so bleibt dem Schaum noch genügend Zeit, sich aufschäumend gleichsam in sich selbst zu verhüllen und wie verschluckt zu verschwinden und im gleichen Moment wieder alles zu überfluten, diesmal aber von unten aufsteigend, wie ein Teppich, der sich den Strand hinaufschiebt, um die anrollende Welle zu empfangen. Doch erwartet man nun, daß die Welle sich auf den Teppich wälzt, so stellt man auf einmal fest, daß keine Welle mehr da ist, sondern nur noch der Teppich, und auch der verschwindet im Nu, verwandelt sich in ein Glitzern von nassem Sand, das rasch zurückweicht, wie verdrängt von der Expansion des trockenen bleichen Sandes, der seine wellige Grenze voranschiebt.

Zur gleichen Zeit muß man die Knicke der Front ins Auge fassen, die Stellen, an denen die Welle sich in zwei Flügel teilt, deren einer von rechts nach links zum Ufer strebt und der andere von links nach rechts, wobei der Ausgangs- oder Zielpunkt ihres Auseinander- oder Zusammenlaufens jene Spitze im Negativ ist, die dem Vormarsch der Flügel zwar folgt, aber sie nie zu erreichen vermag und stets ihrer wechselseitigen Überlappung unterworfen bleibt, bis sie von einer anderen Welle eingeholt wird, einer stärkeren, doch mit demselben Problem der Divergenz–Konvergenz, und schließlich von einer noch stärkeren, die den Knoten löst, indem sie ihn einfach zerschlägt.

Dem Muster der Wellenbewegungen folgend schiebt der Strand kaum angedeutete Zungen ins Wasser vor, die sich in mehr oder weniger überspülten Sandbänken fortsetzen, je nachdem, wie die Strömungen sie im Spiel der Gezeiten bilden und wieder zerstören. Eine dieser flachen Sandzungen ist es, die Herr Palomar sich als Beobachtungsstandpunkt gewählt hat, weil die Wellen schräg von rechts und links über sie schwappen und, wenn sie den Buckel des halb im Wasser befindlichen Teils überspülen, in der Mitte zusammentreffen. Um zu erkennen, wie eine Welle beschaffen ist, muß man daher diese gegeneinander gerichteten Schübe beachten, die sich in gewisser Weise neutralisieren und in gewisser Weise summieren und schließlich ein allgemeines In- und Durcheinander sämtlicher Schübe und Gegenschübe im gewohnten Zerfließen des Schaumes erzeugen.

Herr Palomar sucht nun zunächst sein Beobachtungsfeld zu begrenzen: Wenn er ein Quadrat von, sagen wir, zehn Metern Breite am Strand auf zehn Meter Tiefe ins Meer überblickt, kann er ein Inventar aller Wellenbewegungen aufstellen, die sich darin mit wechselnder Häufigkeit in einer gegebenen Zeitspanne wiederholen. Das Schwierige ist, die Grenzen dieses Quadrats im Blick zu behalten, denn nimmt er zum Beispiel als entfernteste Seite von seinem Standpunkt die Kammlinie einer näherkommenden Welle, so verdeckt diese Linie, während sie näherkommt und sich dabei hebt, vor seinen Augen all das, was hinter ihr liegt, und der zu prüfende Raum klappt auf und preßt sich im gleichen Zuge zusammen.

Dennoch läßt sich Herr Palomar nicht entmutigen, und jeden Augenblick glaubt er auch schon, glücklich alles gesehen zu haben, was er von seinem Beobachtungsstandpunkt sehen kann, doch immer wieder springt ihm dann etwas ins Auge, was ihm zuvor noch entgangen war. Hätte er nicht diese Ungeduld, ein komplettes und definitives Ergebnis seiner visuellen Operation zu erzielen, so wäre das Wellenbetrachten für ihn eine sehr erholsame Übung und könnte ihn vor Neurosen bewahren, vor Herzinfarkten und Magengeschwüren. Und vielleicht könnte es der Schlüssel sein, um die Komplexität der Welt in den Griff zu bekommen durch ihre Reduktion auf den einfachsten Mechanismus.

Doch jeder Versuch zur Präzisierung dieses Modells muß die Rechnung mit einer langgezogenen Welle machen, die quer zu den Flügeln und parallel zur Küste anrollt, wobei sie einen durchgängigen und nur leicht erhobenen Kamm vorangleiten läßt. Die kleinen Sprünge der schräg zum Ufer drängenden Wellen stören nicht den gleichmäßigen Elan dieses festen und glatten Kammes, der sie im rechten Winkel schneidet, und man weiß nicht, wohin er geht noch woher er kommt. Vielleicht aus einer leichten Brise vom

Land, die das Wellenspiel an der Oberfläche bewegt, entgegen den Tiefenströmungen aus den Wassermassen des offenen Meeres. Doch diese langgezogene Welle, die aus der bewegten Luft entsteht, nimmt unterwegs auch die schrägen Schübe mit auf, die aus dem Wasser entstehen, und leitet sie um und lenkt sie in ihre Richtung und trägt sie mit sich voran. So wächst sie beständig weiter und gewinnt solange an Stärke, bis der unentwegte Zusammenprall mit den quer- und gegenläufigen Wellen sie langsam schwächt und schließlich verschwinden läßt, oder sie dreht und windet, bis sie zerfließt in einer der vielen Dynastien schräger Wellen, um mit ihnen ans Ufer zu klatschen.

Konzentriert man die Aufmerksamkeit auf einen Aspekt, so springt er mit einem Satz in den Vordergrund und erfüllt das ganze Tableau, wie bei jenen Bildern, vor denen man nur die Augen zu schließen braucht, und wenn man sie wieder öffnet, hat sich die Perspektive verändert. Jetzt, in diesem Durcheinander verschieden gerichteter Wellenkämme, erscheint das Gesamtbild zerstückelt in lauter Einzelbilder, die auftauchen und verschwinden. Hinzu kommt, daß auch der Rückfluß jeder einzelnen Welle noch eine gewisse Schubkraft hat, die sich den nach- und über sie kommenden Wellen entgegenstellt, und konzentriert man die Aufmerksamkeit auf diese rückwärtsgewandten Schübe, so scheint es, als sei die wahre Bewegung das Drängen vom Ufer zum Meer.

Ist dies womöglich das wahre Ergebnis, zu dem Herr Palomar gerade gelangt: die Wellen in Gegenrichtung laufen zu lassen, die Zeit umzukehren, die wahre Substanz der

Welt jenseits der üblichen Sinnes- und Denkgewohnheiten zu erkennen? Nein, er gelangt nur bis zur Empfindung eines leichten Schwindelgefühls, nicht weiter. Das beharrliche Drängen, das die Wellen zur Küste treibt, überwiegt, sie haben sogar noch an Stärke gewonnen. Dreht sich etwa der Wind? Wehe, wenn das Bild, das Herr Palomar so penibel zusammenbekommen hat, jetzt durcheinandergerät und zerfällt! Nur wenn es ihm gelingt, alle Aspekte gleichermaßen im Blick zu behalten, kann er die zweite Phase seiner Operation in Angriff nehmen: die Ausweitung dieser Erkenntnis auf das ganze Universum.

Es würde genügen, nicht die Geduld zu verlieren, was aber bald geschieht. Herr Palomar geht weiter den Strand entlang, nervös wie zuvor und noch ungewisser in allem.

Der nackte Busen

Herr Palomar geht einen einsamen Strand entlang. Vereinzelt trifft er auf Badende. Eine junge Frau liegt hingebreitet im Sand und sonnt sich mit nacktem Busen. Herr Palomar, ein diskreter Zeitgenosse, wendet den Blick zum Horizont überm Meer. Er weiß, daß Frauen in solchen Situationen, wenn ein Unbekannter daherkommt, sich häufig rasch etwas überwerfen, und das findet er nicht schön: weil es lästig ist für die Badende, die sich in Ruhe sonnen will; weil der Vorübergehende sich als ein Störenfried fühlt; weil es implizit das Tabu der Nacktheit bekräftigt und weil aus halbrespektierten Konventionen mehr Unsicherheit und Inkohärenz im Verhalten als Freiheit und Zwanglosigkeit erwachsen.

Darum beeilt er sich, sobald er von weitem den rosigbronzenen Umriß eines entblößten weiblichen Torsos auftauchen sieht, den Kopf so zu halten, daß die Richtung der Blicke ins Leere weist und dergestalt seinen zivilen Respekt vor der unsichtbaren Grenze um die Personen verbürgt.

Allerdings – überlegt er, während er weitergeht und, kaum daß der Horizont wieder klar ist, die freie Bewegung seiner Augäpfel wieder aufnimmt – wenn ich mich so verhalte, bekunde ich ein Nichthinsehenwollen, und damit bestärke am Ende auch ich die Konvention, die den Anblick des Busens tabuisiert, beziehungsweise ich errichte mir eine Schranke, eine Art geistigen Büstenhalter zwischen meinen Augen und jenem Busen, dessen Anblick mir doch, nach dem Schimmern zu urteilen, das am Rande meines Gesichtsfeldes aufleuchtete, durchaus frisch und wohlgefällig erschien. Kurzum, mein Wegsehen unterstellt, daß ich an jene Nacktheit denke, mich in Gedanken mit ihr beschäftige, und das ist im Grunde noch immer ein indiskretes und rückständiges Verhalten.

Auf dem Heimweg von seinem Spaziergang kommt Herr Palomar wieder an jener sonnenbadenden Frau vorbei, und diesmal hält er den Blick fest geradeaus gerichtet, so daß er mit gleichbleibender Gelassenheit den Schaum der rückwärtsfließenden Wellen streift, die Planken der an Land gezogenen Boote, den Frotteestoff des über den Sand gebreiteten Badetuches, den Vollmond von hellerer Haut mit dem braunen Warzenhof und die Konturen der Küste im Dunst, grau gegen den Himmel.

Jetzt – denkt er mit sich zufrieden, während er seinen Weg fortsetzt – jetzt ist es mir gelungen, mich so zu verhalten, daß der Busen ganz in der Landschaft aufgeht und daß auch mein Blick nicht schwerer wiegt als der einer Möwe oder eines fliegenden Fisches.

Aber ist eigentlich – überlegt er weiter – dieses Verhalten ganz richtig? Bedeutet es nicht, den Menschen auf die Stufe der Dinge niederzudrücken, ihn als Objekt zu betrachten, ja, schlimmer noch, gerade das an seiner Person als Objekt zu betrachten, was an ihr spezifisch weiblich ist? Perpetuiere ich damit nicht gerade die alte Gewohnheit der männlichen

Suprematie, die mit den Jahren zu einer gewohnheitsmäßigen Arroganz verkommen ist?

Er dreht sich um und geht noch einmal zurück. Wieder läßt er den Blick mit unvoreingenommener Sachlichkeit über den Strand gleiten, aber diesmal richtet er es so ein, daß man, sobald die Büste der Frau in sein Sichtfeld gelangt, ein Stocken bemerkt, ein Zucken, fast einen Seitensprung. Der Blick dringt vor bis zum Rand der gewölbten Haut, weicht zurück, wie um mit leichtem Erschauern die andersartige Konsistenz des Erblickten zu prüfen und seinen besonderen Wert einzuschätzen, verharrt für einen Moment in der Schwebe und beschreibt eine Kurve, die der Wölbung des Busens in einem gewissen Abstand folgt, ausweichend, aber zugleich auch beschützend, um schließlich weiterzugleiten, als sei nichts gewesen.

So dürfte nun meine Position – denkt Herr Palomar – ziemlich klar herauskommen, ohne Mißverständnissen Raum zu lassen. Doch dieses Überfliegenlassen des Blickes, könnte es nicht am Ende als eine Überlegenheitshaltung gedeutet werden, eine Geringschätzung dessen, was ein Busen ist und was er bedeutet, ein Versuch, ihn irgendwie abzutun, ihn an den Rand zu drängen oder auszuklammern? Ja, ich verweise den Busen noch immer in jenes Zwielicht, in das ihn Jahrhunderte sexbesessener Prüderie und als Sünde verfemter Begehrlichkeit eingesperrt haben!

Eine solche Deutung stünde quer zu den besten Absichten des Herrn Palomar, der, obwohl Angehöriger einer älteren Generation, für welche sich Nacktheit des weiblichen Busens mit der Vorstellung liebender Intimität verband, dennoch mit Beifall diesen Wandel der Sitten begrüßt, sei's weil sich darin eine aufgeschlossenere Mentalität der Gesellschaft bekundet, sei's weil ihm persönlich ein solcher Anblick durchaus wohlgefällig erscheinen kann. So wünscht er sich nun, daß es ihm gelingen möge, genau diese uneigennützige Ermunterung in seinem Blick auszudrücken.

Er macht kehrt und naht sich entschlossenen Schrittes noch einmal der Frau in der Sonne. Diesmal wird sein unstet über die Landschaft schweifender Blick mit einer besonderen Aufmerksamkeit auf dem Busen verweilen, aber er wird sich beeilen, den Busen sogleich in eine Woge von Sympathie und Dankbarkeit für das Ganze mit einzubeziehen: für die Sonne und für den Himmel, für die gekrümmten Pinien, das Meer und den Sand, für die Düne, die Klippen, die Wolken, die Algen, für den Kosmos, der um jene zwei aureolengeschmückten Knospen kreist.

Das dürfte genügen, um die einsame Sonnenbadende definitiv zu beruhigen und alle abwegigen Schlußfolgerungen auszuräumen. Doch kaum naht er sich ihr von neuem, springt sie auf, wirft sich rasch etwas über, schnaubt und eilt mit verärgertem Achselzucken davon, als fliehe sie vor den lästigen Zudringlichkeiten eines Satyrs.

Das tote Gewicht einer Tradition übler Sitten verhindert die richtige Einschätzung noch der aufgeklärtesten Intentionen, schließt Herr Palomar bitter.

Das Schwert der Sonne

Der Reflex auf dem Meer entsteht, wenn die Sonne sich neigt: Vom Horizont her schiebt sich ein blendender Fleck zum Ufer, ein Streifen aus tanzenden Glitzerpunkten; dazwischen verdunkelt das Mattblau des Meeres sein Netz. Die weißen Boote werden im Gegenlicht schwarz, verlieren an Konsistenz und Volumen, erscheinen wie aufgesogen von jener glitzernden Sprenkelung.

Um diese Zeit macht sich Herr Palomar, der ein Spätling ist, an sein Abendschwimmen. Er geht ins Wasser, löst sich vom Ufer, und der Sonnenreflex auf dem Meer wird ein schimmerndes Schwert, das sich vom Horizont heran bis zu ihm erstreckt. Herr Palomar schwimmt in dem Schwert, oder besser gesagt, das Schwert bleibt immer vor ihm, bei jedem seiner Schwimmstöße weicht es zurück und ist nie zu erreichen. Wohin er die Arme auch wirft, überall nimmt das Meer seine abendlich dunkle Färbung an, die sich hinter ihm bis zum Ufer erstreckt.

Während die Sonne tiefer sinkt, färbt der Reflex sich von schimmerndem Weiß zu kupfergoldenem Rot. Und wohin Herr Palomar sich auch wendet, stets ist er selber die Spitze des schlanken Dreiecks. Das Schwert folgt ihm und deutet auf ihn wie ein Uhrzeiger mit der Sonne als Zapfen.

Ein Gruß, den die Sonne mir ganz persönlich entbietet –

ist Herr Palomar zu denken versucht, oder besser gesagt, nicht er, sondern das egozentrische und größenwahnsinnige Ich in seinem Innern. Aber das depressive und selbstquälerische Ich, das mit dem anderen zusammen im gleichen Gehäuse wohnt, erwidert: Jeder, der Augen hat, sieht, daß der Reflex ihm folgt; die Täuschung der Sinne und Gedanken hält uns alle gefangen. – Ein dritter Mitbewohner interveniert, ein eher ausgeglichenes Ich: Wie dem auch sei, ich gehöre jedenfalls zu den fühlenden und denkenden Wesen, die fähig sind, in ein Verhältnis mit den Sonnenstrahlen zu treten und nicht nur Wahrnehmungen zu interpretieren, sondern auch Täuschungen einzuschätzen.

Jeder Badende, der um diese Zeit nach Westen schwimmt, sieht den schimmernden Streifen, der auf ihn gerichtet ist, um knapp vor dem Punkt, an den er die Arme wirft, zu erlöschen. Jeder hat *seinen* Reflex, der nur für ihn diese Richtung hat und sich immer mit ihm bewegt. Rechts und links neben dem Streifen ist das Blau des Wassers viel dunkler. Ist dies das einzige nicht Illusorische, das wir alle gemeinsam haben: das Dunkel? – fragt sich Herr Palomar. Doch nein, das Schwert springt gleichfalls jedem ins Auge, es gibt keine Möglichkeit, ihm zu entfliehen. Ist das, was wir alle gemeinsam haben, vielleicht gerade das, was jedem persönlich zu eigen ist?

Windsurfer gleiten über das Wasser, kreuzen schräg geneigt gegen den Wind vom Lande, der sich zu dieser Stunde erhebt. Hohe Gestalten lenken den Mast mit gestreckten Armen, wie Bogenschützen, um die Brise zu nutzen, die im Segel knattert. Wenn sie den Reflex durchqueren, verblassen die Farben der Segel im glitzernden Gold, und die Konturen der Körper verschwimmen wie eingetaucht in die Nacht.

Das alles geschieht gar nicht auf dem Meer, auch nicht in der Sonne – denkt der schwimmende Herr Palomar –, sondern nur in meinem Kopf, in den Regelkreisen zwischen meinen Augen und meinem Gehirn. Ich schwimme in meinen Gedanken, nur dort existiert dieses Schwert aus Licht, und eben das ist es, was mich anzieht. Das ist mein Element, das einzige, was ich einigermaßen kennen kann.

Doch er denkt auch: Ich kann das Schwert nicht erreichen, es ist immer vor mir. Es kann nicht in mir sein und gleichzeitig etwas, in dem ich schwimme; wenn ich es sehe, bin ich ihm äußerlich und es bleibt draußen.

Seine Stöße sind matter und unsicherer geworden; man möchte fast meinen, daß seine Reflexion ihm das Vergnügen am Schwimmen im Sonnenreflex, statt es zu erhöhen, verleidet, als ließe sie ihn eine innere Grenze spüren, eine Schuld oder eine Verurteilung. Aber auch eine Verantwortlichkeit, der er sich nicht entziehen kann: Das Schwert existiert nur, weil er da schwimmt. Wenn er umkehren würde, wenn alle Schwimmer und Badenden wieder an Land gingen, was würde dann aus dem Schwert? In der zerfallenden Welt ist das, was er nun retten möchte, auf einmal ausgerechnet das Allerfragilste: jene Lichtbrücke über das Meer zwischen seinen Augen und der versinkenden Sonne. Herr Palomar hat keine Lust mehr zu schwimmen, er friert. Doch er schwimmt weiter: Er *muß* jetzt im Wasser bleiben, bis die Sonne ganz untergegangen ist.

Nach einer Weile denkt er: Wenn ich den Reflex hier sehe, ihn denke und ihn erschwimme, dann deshalb, weil am anderen Ende die Sonne ist, die ihre Strahlen aussendet. Was zählt, ist allein der Ursprung dessen, was ist: etwas, das mein Blick nur in abgemilderter Form ertragen kann, wie jetzt bei untergehender Sonne. Alles übrige ist Reflex unter Reflexen, einschließlich meiner Person.

Das Phantom eines Segels gleitet vorbei, der Schatten des Mastbaum-Menschen zischt durch die glitzernde Flut. – Ohne den Wind würde dieses dünne Gebilde aus Nylongewebe, Plastikgelenken, menschlichen Knochen und Sehnen nicht zusammenhalten. Nur der Wind macht daraus ein Wassergefährt mit scheinbar eigener Zweckbestimmung und Intention; nur der Wind weiß, wohin das Surfbrett mit dem Surfer gleitet – denkt Herr Palomar. Wie erleichtert er wäre, wenn es ihm gelänge, sein partielles und zweifelndes Ich in der Gewißheit eines generellen Prinzips aufzulösen! Eines einzigen und absoluten Prinzips, aus dem sich alle Taten und Formen herleiten? Oder einer gewissen Anzahl distinkter Prinzipien, heterogener Kraftlinien, die sich überschneiden, um der erscheinenden Welt von Mal zu Mal eine Form zu geben?

...Der Wind und natürlich das Meer, die Wassermassen, die solche dümpelnden oder gleitenden Körper wie mich und das Surfbrett tragen – denkt Herr Palomar, dreht sich auf den Rücken und spielt toter Mann.

Sein umgedrehter Blick sinnt den ziehenden Wolken nach, er betrachtet die wolkig bewaldeten Hügel. Auch sein Ich ist umgedreht in den Elementen – das Feuer am Himmel, die Luft in Bewegung, das Wasser als Wiege, die Erde als Halt. Sollte dies die Natur sein? – Doch nichts von alledem, was er sieht, existiert in Natur: Die Sonne geht nicht unter, das Meer hat nicht diese Farben, die Formen sind nur jene, die das Licht auf die Netzhaut projiziert. Mit unnatürlichen Bewegungen seiner Gliedmaßen dümpelt er zwischen Phantomen; menschliche Schemen verlagern in unnatürlichen Haltungen ihr Gewicht, machen sich nicht den Wind zunutze, sondern die geometrische Abstraktion eines Winkels zwischen dem Wind und der Neigung einer künstlichen Apparatur, um derart über die glatte Haut des Wassers zu gleiten. Gibt es gar keine Natur?

Das schwimmende Ich des Herrn Palomar ist eingetaucht in eine körperlose Welt, Kraftfeldüberschneidungen, Vektordiagramme, Bündel von Linien, die konvergieren, divergieren, sich brechen. Doch in seinem Innern bleibt eine Stelle, wo alles auf eine andere Art existiert, als Knoten, Klumpen, Gerinnsel: das Gefühl, daß man da ist, aber auch nicht da sein könnte, in einer Welt, die nicht da sein könnte, aber da ist.

Jäh reißt eine heftige Welle das Meer aus der Ruhe: Ein Motorboot donnert vorbei, schlägt klatschend den flachen Bauch aufs Wasser und spuckt Benzin. Der ölig schillernde Schleier, den es hinter sich herzieht, verbreitet sich langsam im Wasser – die stoffliche Konsistenz, die dem Gleißen der Sonne abgeht, ist nicht zu bezweifeln für diese Spur der physischen Gegenwart des Menschen, der seinen Weg mit Kraftstoffverlusten, Verbrennungsrückständen und nichtassimilierbaren Abfällen übersät, während er rings um sich her das Leben und den Tod miteinander vermischt und vervielfacht.

Dies ist meine Umwelt – denkt Herr Palomar –, bei der es nicht zur Debatte steht, ob ich sie annehme oder ablehne, denn nur hier kann ich leben. – Doch wenn das Schicksal des Lebens auf dieser Erde bereits besiegelt wäre? Wenn der Lauf in den Tod nun stärker würde als jede Chance zur Umkehr?

Die Welle gleitet vorüber, rollt weiter und schlägt ans Ufer; und wo bisher nur Sand, Kies, Algen und winzige Muschelschalen zu sehen waren, enthüllt das rückwärtsfließende Wasser ein Stückchen Strand, übersät mit Blechdosen, Plastikflaschen, Präservativen, toten Fischen, verrotteten Schuhen, zerbrochenen Injektionsspritzen und teerigen Ölschlammklumpen.

Herr Palomar, angehoben auch er von der Welle des Motorbootes, umspült von der Flut des Unrats, fühlt sich mit einem Mal selber als Abfall inmitten von Abfällen, als Kadaver vor den Müllkippen-Stränden der Friedhofs-Kontinente. Würde kein Auge mehr außer dem glasigen Auge der Toten sich auf die Land- und Wasserfläche des Globus öffnen, so würde das Schwert der Sonne nie wieder glänzen.

Genau bedacht ist solch eine Situation nicht neu: Milliarden Jahre lang hatten die Strahlen der Sonne bereits auf dem Wasser geruht, bevor es Augen gab, die sie wahrzunehmen imstande waren.

Herr Palomar schwimmt ein Stück unter Wasser und taucht wieder auf: Da ist das Schwert! Eines Tages tauchte ein Auge auf aus dem Meer, und das Schwert, das schon da war und es erwartete, konnte nun endlich die ganze Pracht seiner schlanken Spitze und seines schimmernden Gleißens entfalten. Sie waren füreinander geschaffen, das Schwert und das Auge; und wer weiß, vielleicht war es nicht die Geburt des Auges gewesen, die einst das Schwert hervorgebracht hatte, sondern umgekehrt, denn das Schwert konnte nicht auf ein Auge verzichten, das es an seiner Spitze betrachtete.

Herr Palomar denkt an die Welt ohne ihn: die endlose Welt vor seiner Geburt und die noch wesentlich dunklere nach seinem Tod. Er versucht sich vorzustellen, wie die Welt gewesen sein mochte, bevor es Augen gab, irgendein Auge; und wie eine Welt von morgen sein mag, die durch eine Katastrophe oder durch langsame Korosion erblindet ist. Was geschieht (geschah, wird geschehen) in solch einer Welt? Pünktlich trifft ein Strahlenspeer von der Sonne ein, spiegelt sich auf dem ruhigen Meer und glitzert im Wasser – schon wird die Materie empfänglich für Licht, beginnt sich zu regen, differenziert sich in lebende Organismen, und plötzlich erblüht ein Auge, eine Vielzahl von Augen, oder erblüht von neuem...

Alle Surfbretter sind jetzt an Land gezogen, und auch der letzte bibbernde Badende – ein Herr namens Palomar – steigt aus dem Wasser. Er hat sich davon überzeugt, daß jenes Schwert auch ohne ihn existieren wird: Endlich kann er sich abtrocknen und nach Hause gehen.

Herr Palomar im Garten

Die Paarung der Schildkröten

Im offenen Innenhof sind zwei Schildkröten: Männchen und Weibchen. Klack, klack, schlagen die Schildplatten aufeinander. Es ist Paarungszeit. Herr Palomar späht im Verborgenen.

Das Männchen bedrängt das Weibchen, treibt es mit Seitenstößen rings um das kleine Rasenrondell. Das Weibchen scheint sich gegen den Angriff zu wehren, zumindest setzt es ihm eine gewisse Trägheit entgegen. Das Männchen ist kleiner und viel aktiver, man möchte fast sagen, ein junger Heißsporn: Immer wieder versucht er, die Partnerin zu besteigen, aber ihr Rückenpanzer ist steil und er gleitet ab.

Jetzt müßte es ihm gelungen sein, sich in die richtige Position zu bringen: Er preßt sich an sie und drückt sie mit rhythmischen Stößen, hält inne, drückt weiter; bei jedem Stoß entfährt ihm ein fiepsiges Keuchen, beinahe ein Schrei. Sie stemmt die Hinterbeine fest auf den Boden, so daß sich ihr Hinterteil hebt. Er scharrt mit den Vorderfüßen auf ihrem Panzer, reckt den Hals und hängt japsend über ihr. Das Problem mit diesen Schildpanzern ist, daß sie keinen Halt bieten, und im übrigen können die Füßchen nicht greifen.

Jetzt läuft sie ihm weg und er hinterher. Nicht daß sie

geschwinder wäre oder besonders entschlossen, ihm zu entkommen: Er schnappt mit dem Maul nach ihr, um sie zu halten, beißt sie ein paarmal leicht in ein Beinchen, immer ins selbe. Sie wehrt sich nicht. Jedesmal wenn sie stehenbleibt, versucht er wieder, sie zu besteigen, aber dann macht sie ein Schrittchen nach vorn und er gleitet ab, so daß sein Glied auf den Boden schlägt. Es ist ein ziemlich langes Glied, fast hakenförmig gebogen; so wie es aussieht, möchte man meinen, er müßte sie damit eigentlich ganz gut erreichen können, trotz der störenden Panzer und der mißlichen Position. Daher kann man nicht sagen, wie viele seiner Vorstöße wohl gelingen, wie viele danebengehen und wie viele bloßes Spiel sind, Theater.

Es ist Sommer, der Hof ist kahl bis auf einen Jasminstrauch in einer Ecke. Das Liebesspiel besteht darin, immer wieder das Rasenrondell zu umkreisen, mit Verfolgungen, Fluchten und kleinem Geplänkel nicht der Füßchen, sondern der Panzer, die dumpf aneinanderklacken. Schließlich versucht das Weibchen, sich zwischen die Stämmchen des Jasmins zu verkriechen. Es glaubt wohl (oder gibt vor), sich dort zu verstecken, aber in Wirklichkeit ist das der sicherste Weg, sich von dem Männchen stellen zu lassen, ohne noch einen Ausweg zu finden. Jetzt dürfte es ihm gelungen sein, das Glied richtig einzuführen, aber diesmal verharren die beiden reglos und still.

Welche Gefühle haben zwei Schildkröten, die sich paaren? Herr Palomar kann sich's nicht vorstellen. Er beobachtet sie mit kühler Aufmerksamkeit, als wären sie zwei Maschinen: zwei elektronische Schildkröten, programmiert auf Paarung. Was ist Erotik, wenn man statt der Haut einen Knochenpanzer und Hornplatten hat? Aber ist nicht auch das, was wir Erotik nennen, ein Programm unserer Körpermaschinen, nur komplizierter, weil unser Gedächtnis die Nachrichten jeder Hautzelle, jedes einzelnen Moleküls der Gewebe aufnimmt und multipliziert, indem es sie mit den Impulsen kombiniert, die ihm von den Sehnerven übertragen und von der Vorstellung suggeriert werden? Der Unterschied liegt nur in der Zahl der beteiligten Regelkreise: Milliarden von Drähten führen von unseren Rezeptoren zu jenem Computer der Gefühle, der Konditionierungen, der Bande zwischen Person und Person... Erotik ist ein Programm, das sich in den elektronischen Wirrnissen des mentalen Sinnes abspielt, aber Sinn ist auch Haut: berührte, gesehene, erinnerte Haut... Und die Schildkröten, eingeschlossen in ihre fühllosen Panzer? Womöglich zwingt sie die Kargheit an Sinnesreizen zu einem hochkonzentrierten und intensiven Geistesleben, führt sie zu einer glasklaren inneren Erkenntnis... Vielleicht folgt die Erotik der Schildkröten absoluten spirituellen Gesetzen, während wir Menschen Gefangene einer Maschinerie sind, deren Funktionsweise wir nicht kennen und die sehr störungsanfällig ist, sich verklemmen oder in unkontrollierte Selbsttätigkeit ausbrechen kann?

Ob die Schildkröten sich wohl besser begreifen? Nach etwa zehnminütiger Paarung lösen die beiden Panzer sich voneinander. Sie voran, er hinterher, fangen sie wieder an, das Rondell zu umkreisen. Er bleibt jetzt etwas weiter zurück, scharrt noch ab und zu mit dem Füßchen auf ihrem Panzer, kriecht noch ein bißchen auf sie hinauf, aber ohne viel Überzeugung. Sie kehren zurück unter den Jasmin. Er beißt ihr ein bißchen ins Bein, immer an derselben Stelle.

Das Pfeifen der Amseln

Herr Palomar hat das Glück, den Sommer an einem Ort zu verbringen, wo viele Vögel singen. Während er in einem Liegestuhl ruht und »arbeitet« (denn er hat auch das Glück, behaupten zu können, der Arbeit an Orten und in Haltungen nachzugehen, die man als solche der absolutesten Ruhe bezeichnen würde; oder besser gesagt, er hat das Pech, sich verpflichtet zu fühlen, die Arbeit nie ruhen zu lassen, auch nicht in einem Liegestuhl unter Bäumen an einem Vormittag im August), entfalten die im Gezweig verborgenen Vögel rings um ihn ein Repertoire der verschiedensten Lautbekundungen, hüllen ihn in einen ungleichmäßigen, diskontinuierlichen und zerklüfteten Klangraum, in dem sich jedoch ein Gleichgewicht zwischen den unterschiedlichen Tönen herstellt, da keiner die anderen durch höhere Intensität oder Schwingungszahl überragt und alle zusammen ein homogenes Gezwitscher bilden, das nicht durch Harmonie zusammengehalten wird, sondern durch Leichtigkeit und Transparenz. Bis dann in der heißesten Stunde das wilde Geschwirr der Insekten dem Flirren der Luft seine schrankenlose Vorherrschaft aufzwingt, indem es alle Dimensionen der Zeit und des Raumes mit dem unaufhörlichen, ohrenbetäubenden Preßlufthammergedröhn der Zikaden erfüllt.

Das Zwitschern der Vögel besetzt einen variablen Teil der auditiven Aufmerksamkeit des Herrn Palomar: Bald drängt er es in den Hintergrund als einen Bestandteil der dort herrschenden Stille, bald konzentriert er sich auf die Unterscheidung einzelner Stimmen und gruppiert sie in Kategorien mit wachsender Komplexität: einfaches Piepsen, Tschilpen, kurzes vibrierendes Pfeifen, Tirilieren mit einem kurzen und einem langen Ton, glucksendes Kollern, kaskadenartiges Flöten, langgezogenes in sich kreisendes Quinkelieren und Quirilieren, und so weiter bis zur klangvollen Koloratur.

Zu einer weniger allgemeinen Klassifizierung gelangt Herr Palomar nicht: Er ist keiner von denen, die bei jedem Gezwitscher immer gleich wissen, von welchem Vogel es stammt. Das tut ihm jetzt leid, er empfindet seine Unkenntnis wie eine Schuld. Das neue Wissen, das sich die Menschheit heute erwirbt, entschädigt nicht für das Wissen, das sich allein durch mündliche Weitergabe verbreitet und, wenn es einmal verloren ist, nicht mehr wiedergewonnen und weitergegeben werden kann: Kein Buch kann lehren, was man nur als Kind lernen kann, wenn man ein waches Ohr und ein waches Auge für den Gesang und den Flug der Vögel hat und wenn jemand da ist, der ihnen prompt einen Namen zu geben weiß. Dem Kult der nomenklatorischen und klassifizierenden Präzision hatte Herr Palomar stets die Verfolgung einer ungewissen Präzision im Definieren des Modulierten, Gemischten, sich Wandelnden vorgezogen – also des Undefinierbaren. Jetzt würde er die entgegengesetzte Wahl treffen, und während er den Gedanken nachsinnt, die der Gesang der Vögel in ihm geweckt hat, erscheint ihm sein Leben als eine Folge verpaßter Gelegenheiten.

Deutlich herauszuhören aus allen Vogelstimmen ist das Pfeifen der Amseln, unverkennbar. Die Amseln kommen am späten Nachmittag; es sind zwei, ein Pärchen sicher, vielleicht dasselbe wie voriges Jahr, wie alle Jahre um diese Zeit. Jeden Nachmittag, wenn er den ersten Lockruf hört, einen Pfiff auf zwei Tönen, wie von einem Menschen, der seine Ankunft signalisieren will, hebt Herr Palomar überrascht den Kopf, um zu sehen, wer ihn da ruft. Dann fällt ihm ein, daß es die Stunde der Amseln ist. Und bald entdeckt er sie auch: Sie spazieren über den Rasen, als sei es ihre wahre Berufung, sich wie bodenverhaftete Zweifüßler zu bewegen und sich damit zu vergnügen, Analogien zum Menschen herzustellen.

Das Besondere am Pfeifen der Amseln ist, daß es genau wie ein menschliches Pfeifen klingt: wie das Pfeifen von jemandem, der nicht besonders gut pfeifen kann und es auch normalerweise nicht tut, aber manchmal hat er einen guten Grund zu pfeifen, einmal kurz und nur dieses eine Mal, ohne die Absicht weiterzupfeifen, und dann tut er es mit Entschiedenheit, aber in einem leisen und liebenswürdigen Ton, um sich das Wohlwollen seiner Zuhörer zu erhalten.

Nach einer Weile wiederholt sich das Pfeifen – derselben Amsel oder ihrer Gefährtin –, doch immer so, als käme es ihr zum ersten Mal in den Sinn zu pfeifen. Wenn es ein Dialog ist, dann einer, in welchem jede Replik erst nach reiflicher Überlegung erfolgt. Aber *ist* es ein Dialog, oder pfeift jede Amsel nur vor sich hin und nicht für die andere? Und handelt es sich, im einen Falle oder im anderen, um Fragen und Antworten (auf den Partner oder sich selbst) oder um Bestätigungen von etwas, das letzten Endes immer dasselbe ist (die eigene Anwesenheit, die Zugehörigkeit zur Gattung, zum Geschlecht oder zum Gebiet)? Vielleicht liegt der Wert dieses einzigen »Wortes« darin, daß es von einem anderen pfeifenden Schnabel wiederholt, daß es in den Pausen, während des Schweigens, nicht vergessen wird.

Oder der ganze Dialog besteht darin, dem anderen zu sagen: »Ich bin hier«, und die Länge der Pausen ergänzt das Gesagte um den Sinn eines »noch« oder »immer noch«, so daß es nun etwa bedeutet: »Ich bin immer noch hier, ich bin immer noch ich!« – Doch wenn die Bedeutung der Botschaft nun in der Pause läge und nicht im Pfeifen? Wenn es das Schweigen wäre, in dem die Amseln miteinander redeten? (Das Pfeifen wäre dann nur eine Interpunktion, eine Formel wie »Ich übergebe, Ende«.) Ein Schweigen, das scheinbar identisch ist mit einem anderen Schweigen, kann hundert verschiedene Intentionen ausdrücken. Ein Pfeifen übrigens auch, schweigend oder pfeifend miteinander zu reden, ist immer möglich. Das Problem ist, einander zu verstehen.

Oder keine der beiden Amseln kann die andere verstehen, jede glaubt, in ihr Pfeifen eine für sie ganz fundamentale Bedeutung gelegt zu haben, die aber nur sie erfaßt, während die andere etwas erwidert, das überhaupt nichts mit dem Gesagten zu tun hat. Dann wäre es ein Dialog zwischen Hörgeschädigten, ein Gespräch ohne Sinn und Verstand.

Aber sind die menschlichen Dialoge etwas anderes? Frau Palomar ist gleichfalls im Garten und gießt gerade die Männertreu. »Da sind sie wieder«, sagt sie – eine pleonastische Äußerung, wenn sie davon ausgeht, daß ihr Mann die Amseln bereits beobachtet; andernfalls, wenn er sie noch nicht gesehen hätte, eine unverständliche; in jedem Falle aber geäußert, um die eigene Priorität in Sachen Amselbeobachtung zu erhärten (denn in der Tat war es Frau Palomar gewesen, die als erste die Amseln entdeckt und ihren Mann auf sie hingewiesen hatte) und um die Unfehlbarkeit des von ihr schon so oft registrierten Wiedererscheinens der Vögel zu unterstreichen.

»Psst!« macht Herr Palomar, scheinbar nur um zu verhindern, daß seine Frau die Amseln durch lautes Reden verscheucht (eine unnötige Ermahnung, denn das Amselpaar ist längst an die Anwesenheit und die Stimmen des Paares Herr und Frau Palomar gewöhnt), in Wirklichkeit aber, um seiner Frau den Vorsprung streitig zu machen, indem er eine viel größere Fürsorglichkeit für die Amseln bezeugt als sie.

Darauf sagt nun Frau Palomar: »Seit gestern schon wieder ganz trocken«, womit sie die Erde des Beetes meint, das sie gerade gießt – an sich eine überflüssige Mitteilung, doch mit der unterschwelligen Intention, durch das Weiterreden und den Wechsel des Themas eine viel größere und zwanglosere Vertrautheit mit den Amseln zu bezeugen als er.

Gleichwohl entnimmt nun Herr Palomar diesen knappen Informationen ein Gesamtbild von Ruhe, für das er seiner Frau dankbar ist – denn wenn sie ihm auf diese Weise bestätigt, daß es im Moment keine größeren Sorgen gibt, kann er sich weiter in seine Arbeit vertiefen (beziehungsweise in seine Pseudo- oder Hyper-Arbeit). Er läßt ein paar Minuten verstreichen und überlegt sich ebenfalls eine beruhigende Information, um seiner Frau mitzuteilen, daß seine Arbeit (seine Infra- oder Ultra-Arbeit) wie üblich vorangeht. Zu welchem Zweck er schließlich eine Reihe von Schnaub- und Knurrlauten ausstößt (»Herrgott!... Nach alldem!... Nochmal von vorn!... Ja, Himmel!«) – Äußerungen, die zusammengenommen auch die Botschaft »Ich bin sehr beschäftigt« enthalten, nur für den Fall, daß der letzte Satz seiner Frau womöglich einen versteckten Vorwurf enthielt, etwas wie: »Du könntest ruhig auch mal dran denken, den Garten zu gießen!«

Grundgedanke dieser verbalen Austauschprozesse ist die Annahme, daß ein vollendetes Einvernehmen zwischen Eheleuten Verständnis erlaubt, ohne erst alles lang und breit erklären zu müssen. Allerdings wird diese Theorie von den beiden Palomars auf sehr verschiedene Weise in die Praxis umgesetzt: Sie drückt sich in mehr oder minder vollständigen, aber oft allusiven oder sibyllinischen Sätzen aus, um die Assoziationsfähigkeit ihres Mannes auf die Probe zu stellen und die Feinabstimmung zwischen seinen und ihren Gedanken zu testen (was nicht immer funktioniert). Er dagegen läßt aus den Nebeln seines inneren Monologes einzelne, nur eben angedeutete Laute aufsteigen, im Vertrauen darauf, daß aus ihnen, wenn nicht die Klarheit einer vollständigen Botschaft, so doch das Zwielicht einer Stimmungslage hervorgeht.

Frau Palomar weigert sich allerdings, sein Gebrumm und Geknurre als Rede anzuerkennen, und um ihr Nichtbetroffensein zu betonen, sagt sie jetzt leise: »Psst, du verscheuchst sie!« – womit sie ihm die Ermahnung zurückgibt, die er glaubte, ihr entgegenhalten zu dürfen, und von neuem ihren Primat in Sachen Aufmerksamkeit für die Amseln bekräftigt.

Nach Verbuchung dieses Punktes zu ihren Gunsten entfernt sich Frau Palomar. Die Amseln picken auf dem Rasen und halten den Dialog der Palomars sicher für ein Äquivalent ihrer Pfiffe. Wir könnten genausogut einfach nur pfeifen – denkt Herr Palomar. Und damit tut sich ihm eine vielversprechende Perspektive auf, denn seit jeher war ihm die Diskrepanz zwischen dem Verhalten des Menschen und dem restlichen Universum eine Quelle tiefer Besorgnis. Die Gleichheit zwischen dem Pfeifen der Amseln und dem Pfeifen der Menschen erscheint ihm auf einmal als ein Brückenschlag über den Abgrund.

Würden die Menschen alles ins Pfeifen legen, was sie normalerweise dem Wort anvertrauen, und würden die Amseln im Pfeifen all das Nichtgesagte ihrer *conditio* als Naturwesen mitschwingen lassen, so wäre der erste Schritt getan, um die Trennung zu überwinden zwischen... ja, zwischen was? Natur und Kultur? Schweigen und Reden? Herr Palomar hofft immer, daß im Schweigen etwas enthalten sein möge, was mehr ist, als Sprache auszudrücken vermag. Aber wenn Sprache nun wirklich der Endpunkt wäre, das Ziel, zu welchem alles Seiende strebt? Oder wenn alles Seiende Sprache wäre, schon seit Anfang der Zeiten? Hier wird Herrn Palomar wieder ganz bang.

Er lauscht eine Weile sehr aufmerksam auf das Pfeifen der Amseln, dann versucht er es nachzuahmen, so gut er kann. Es folgt ein erstauntes Schweigen, als bedürfte seine Botschaft einer gründlichen Prüfung. Schließlich ertönt ein identisches Pfeifen, von dem Herr Palomar nur nicht weiß, ob es eine Erwiderung ist oder der Beweis, daß sein Pfeifen so grundverschieden ist, daß die Amseln sich überhaupt nicht davon stören lassen und ihren Dialog wieder aufnehmen, als ob nichts gewesen wäre.

Sie fahren fort zu pfeifen und einander erstaunt zu befragen, Herr Palomar und die Amseln.

Der unendliche Rasen

Rings um Herrn Palomars Haus ist ein Rasen. Der Rasen wächst nicht von Natur aus, er ist ein Kunstprodukt, das aus Naturprodukten besteht, nämlich aus Gräsern. Zweck des Rasens ist es, Natur zu repräsentieren, und das geschieht, indem man die örtliche Natur – in diesem Falle an einem Ort, wo von Natur aus nicht einmal Wiesen wären – ersetzt durch eine an sich natürliche, aber an diesem Ort künstliche Natur. Kurzum, es ist teuer. Der Rasen kostet Geld und endlose Mühe: Man muß ihn säen, gießen, düngen, entwesen, mähen.

Der Rasen besteht aus Wiesenrispengras, Lolch und Klee. In dieser Mischung, zu gleichen Teilen, ist er ausgesät worden. Das Rispengras, kleinwüchsig und kriechend, hat bald die Oberhand gewonnen: Sein Teppich aus weichen runden Halmen breitet sich aus, angenehm für den Fuß und das Auge. Die nötige Dichte erhält der Rasen jedoch durch die schmalen Lanzen des Lolches, wenn sie nicht zu dünn sind und man sie nicht zu sehr wachsen läßt, ohne sie regelmäßig zu schneiden. Der Klee sprießt unregelmäßig, hier zwei Büschel, da gar nichts, dort drüben ein ganzes Meer; er wächst üppig, bis er am Ende erschlafft, denn sein propellerförmiger Blattkranz lastet schwer auf dem zarten Stiel und beugt ihn zu Boden. Der Rasenmäher zieht mit ohrenbetäubendem Lärm seine Schneisen, ein leichter Heugeruch liegt in der Luft, das kurzgeschnittene Gras gewinnt die Borstigkeit seiner Kindertage zurück, aber der Biß der Klingen legt Unebenheiten frei, halbkahle Stellen, gelbliche Flecken.

Ein Rasen muß, um als solcher zu gelten, eine gleichmäßig grüne Fläche sein: ein unnatürliches Resultat, das naturgewollte Grasflächen auf natürliche Weise erreichen. Hier aber, wenn man ihn Punkt für Punkt inspiziert, entdeckt man Stellen, die der kreisende Strahl des Rasensprengers nicht erreicht, Stellen, auf die das Wasser in stetem Guß niedergeht, so daß die Wurzeln verfaulen, und Stellen, wo von der adäquaten und gleichmäßigen Bewässerung Unkraut profitiert.

Herr Palomar, tiefgebeugt über den Rasen, jätet das Unkraut. Ein Löwenzahn klammert sich mit einem Fächer dicht aufeinanderliegender Zackenblätter fest an die Erde; wenn man am Stengel zieht, behält man ihn in der Hand, während die Wurzeln fest in der Erde haften. Man muß mit einer kreisenden Handbewegung das ganze Gewächs erfassen und behutsam die Wurzelfasern aus dem Erdreich ziehen:, womöglich indem man Schollenstücke und einzelne Grashalme, die der wuchernde Nachbar schon halb erstickt hat, mit herauszieht. Dann muß man den Störenfried an einem sicheren Ort verwahren, wo er nicht neuerlich Wurzeln schlagen oder Samen verstreuen kann. Und hat man erst einmal mit dem Jäten begonnen, zum Beispiel indem man ein Queckengras ausreißt, entdeckt man sofort ein anderes weiter drüben, und noch eins und noch eins...

Kurzum, dieses Stückchen Grasteppich, das nur ein paar nachträgliche Korrekturen zu benötigen schien, erweist sich als ein gesetzloser Dschungel.

Bleibt gar nichts mehr außer Unkraut? Schlimmer noch, die üblen Gewächse sind so fest mit den »guten« verwoben, daß man nicht einfach hineingreifen und daran ziehen kann. Es scheint, als wäre es zu einem komplizenhaften Einverständnis zwischen den ausgesäten und den wildgewachsenen Gräsern gekommen, zu einer Lockerung der Standesgrenzen, einer resignierenden Duldung der Dekadenz. Einige wildgewachsene Gräser sehen an und für sich gar nicht bösartig oder heimtückisch aus. Warum sie nicht aufnehmen in die Zahl der mit vollem Recht zum Rasen gehörigen Gräser, sie integrieren in die Gemeinschaft der kultivierten? Dies ist genau der Weg, der dazu führt, den »englischen Rasen« aufzugeben, um zur wildwuchernden »ländlichen Wiese« zurückzukehren. Früher oder später – denkt Herr Palomar – wird man sich dazu entschließen müssen. Aber es ginge ihm gegen die Ehre. Eine Zichorie springt ihm ins Auge, ein Borretschkraut. Er reißt sie entschlossen aus.

Sicher, da und dort einzelne Unkräuter auszureißen, hilft gar nichts. Man müßte folgendermaßen vorgehen, denkt er: Man nimmt sich ein Rasenquadrat von, sagen wir, einmal einem Meter und jätet es gründlich, bis nichts mehr übrig bleibt außer Klee und Lolch und Rispengras. Dann geht dann weiter zum nächsten Quadrat. Oder nein, man bleibt auf einem Quadrat und nimmt es als Muster: Man zählt die Grashalme, die darauf wachsen, erfaßt sie gesondert nach Arten und Dichte und lokaler Verteilung etc.; auf der Grundlage dieser Zählung gelangt man alsdann zu einer statistischen Kenntnis des Rasens, und sobald diese feststeht...

Doch die Halme zu zählen ist sinnlos, ihre genaue Zahl wird man niemals erfahren. Ein Rasen hat keine klaren Grenzen, es gibt Ränder, wo das Gras zu wachsen aufhört, aber einige Halme sprießen auch weiter draußen; dann eine dichte grüne Scholle, dann ein nur spärlich bewachsener Streifen – gehören auch sie noch zum Rasen? Woanders schiebt sich das Unterholz in den Rasen, so daß man nicht sagen kann, was da noch Rasen ist und was schon Gestrüpp. Aber auch da, wo nur Gras wächst, weiß man nie, wo man aufhören kann mit dem Zählen, denn zwischen Pflänzchen und Pflänzchen findet sich immer wieder ein Hälmchen, das gerade aufkeimt und als Wurzel ein flaumiges weißes, kaum erkennbares Fädchen hat; vor einer Minute konnte man es noch vernachlässigen, aber bald wird man es mitzählen müssen. Dafür sind zwei andere Halme, die noch vor kurzem nur etwas gelblich waren, inzwischen definitiv verwelkt und müßten aus der Zählung gestrichen werden. Sodann die Fragmente von Gräsern, geköpfte Halme, am Boden abgeschnitten oder längs der Adern zerfetzt, Kleeblätter, die einen Lappen verloren haben... Die Bruchteile ergeben zusammengezählt keine ganze Zahl, es bleibt ein kleiner Rest verwüsteten Grases, zum Teil noch lebend, zum Teil schon matschig, Nahrung für andere Pflanzen, Humus...

Der Rasen ist ein Ensemble von Gräsern – so muß das Problem gefaßt werden: eine Gesamtmenge, die eine Untermenge von kultivierten Gräsern sowie eine Untermenge von wildgewachsenen Gräsern, sogenanntes Unkraut enthält; eine Schnittmenge der beiden Untermengen besteht aus wildgewachsenen, aber zur kultivierten Klasse gehörenden und daher nicht von ihr unterscheidbaren Gräsern. Die beiden Untermengen enthalten ihrerseits jeweils die verschiedenen Arten, von denen jede wiederum eine Untermenge darstellt, oder besser gesagt: eine Menge, die einerseits die Untermenge derjenigen zu ihr gehörigen Gräser enthält, die auch zum Rasen gehören, und andererseits die Untermenge derjenigen, die dem Rasen äußerlich sind. Es weht der Wind, es fliegen die Samen und Pollen, die Relationen zwischen den Untermengen verschwimmen...

Herr Palomar ist schon bei einem anderen Gedankengang: Ist das, was wir sehen, wirklich »der Rasen«, oder sehen wir einen Grashalm plus einen Grashalm plus einen Grashalm...? Was wir »den Rasen sehen« nennen, ist nur eine ungefähre Wahrnehmung unserer groben Sinne: Eine Menge existiert nur als ein Ensemble distinkter Elemente. Es geht nicht darum, sie zu zählen, die Zahl hat keine Bedeutung. Es kommt darauf an, die einzelnen Pflänzchen mit einem einzigen Blick zu erfassen, jedes für sich in seiner Besonderheit, seiner Eigenart und seiner Differenz. Und sie nicht bloß zu sehen: sie zu *denken*. Statt allgemein »Rasen« zu denken, jenen Stiel mit zwei Kleeblättern dort zu denken, jenes lanzenförmige, leicht gekrümmte Hälmchen, jene zarte Dolde...

Herr Palomar ist abgeschweift, er jätet kein Unkraut mehr, er denkt nicht mehr an den Rasen – er denkt an das

Universum. Er versucht, all das, was er über den Rasen gedacht hat, auf das Universum zu übertragen. Das Universum als regelmäßiger, wohlgeordneter Kosmos oder als chaotische Wucherung. Das vielleicht endliche, aber unzählbare Universum, dessen Grenzen verschwimmen und in dem sich weitere Universen öffnen. Das Universum als Gesamtmenge oder Ensemble von Himmelskörpern, Sternennebeln und Sternenstaub, Kraftfeldern, Feldüberschneidungen, Mengen von Mengen...

Herr Palomar betrachtet den Himmel

Der Mond am Nachmittag

Niemand betrachtet den Mond am Nachmittag, und dabei hätte er um diese Zeit unsere Aufmerksamkeit am dringendsten nötig, da seine Existenz noch in Frage steht. Er ist nur ein weißlicher Schatten, der aus dem tiefklaren Blau des Himmels auftaucht, überflutet von Sonnenlicht; wer garantiert uns, daß er es auch diesmal schaffen wird, Form anzunehmen und richtig zu scheinen? Er ist so zart und bleich und zerbrechlich, nur auf der einen Seite beginnt er, eine klare Kontur anzunehmen wie ein sichelförmiger Bogen, der Rest ist noch ganz von Himmel durchtränkt. Er ist wie eine durchsichtige Hostie. Oder wie eine halbaufgelöste Tablette, nur daß hier der weiße Kreis sich nicht auflöst, sondern verdichtet und langsam verfestigt auf Kosten der blaugrauen Flecken und Schatten, von denen man nicht so recht weiß, ob sie zur Geographie des Mondes gehören oder gischtige Spritzer des Himmels sind, die den porösen Trabanten noch wie einen Schwamm durchtränken.

In dieser Phase erscheint der Himmel noch sehr kompakt und konkret, und man kann nicht mit Sicherheit sagen, ob es seine straffe und ebenmäßige Wölbung ist, von der diese bleiche runde Figur sich abhebt, deren Konsistenz kaum fester ist als die der Wolken, oder ob da im Gegenteil eine Korrosion im Grundgefüge zum Vorschein kommt, ein

Sprung in der Kuppel, ein Loch zum dahinterliegenden Nichts. Die Unsicherheit wird noch verstärkt durch die Unregelmäßigkeit der Figur, die auf der einen Seite Relief gewinnt (wo die Strahlen der sinkenden Sonne sie besser erreichen) und auf der anderen in einer Art Zwielicht verharrt. Und da die Grenze zwischen den beiden Zonen nicht klar ist, wirkt das Ganze nicht wie ein perspektivisch gesehener Körper, sondern eher wie eins jener Mondfigürchen in den Kalendern, die ein weißes Profil innerhalb eines kleinen schwarzen Kreises zeigen. Dagegen wäre gewiß nichts einzuwenden, ginge es um einen schmalen Halbmond und nicht um einen fast runden Vollmond. Als solcher nämlich entpuppt er sich nun, je schärfer sein Rand sich gegen den Himmel abhebt und je voller seine Rundung hervortritt, mit ein paar leichten Dellen am östlichen Rand.

Unterdessen hat sich das Blau des Himmels über Blauviolett zu Lila verfärbt (die Strahlen der Sonne sind rot geworden), und dann über Aschgrau weiter zu Dunkelgrau, und jede Verfärbung des Himmels hat das Weiß des Mondes ein bißchen stärker hervortreten lassen, und der leuchtende Teil in seinem Innern hat sich mehr und mehr ausgedehnt, um schließlich die ganze Scheibe zu füllen. Es ist, als würden die Phasen, die der Mond während eines Monats durchläuft, im Innern dieses vollen oder buckligen Mondes noch einmal durchlaufen, in den Stunden von seinem Aufgang bis zu seinem Untergang, nur daß die Rundung stets mehr oder weniger sichtbar bleibt. Die Flecken im Rund sind immer noch da, ihr Helldunkel wird sogar noch kontrastreicher gegenüber dem Leuchten der übrigen Fläche, aber jetzt gibt es keinen Zweifel mehr, daß es der Mond ist, der sie wie Beulen oder Pickel auf sich trägt, und man kann sie nicht mehr für Löcher halten, in denen die himmlische Tiefe durchscheint, für Risse im Mantel eines körperlosen Phantoms von Mond.

Eher bleibt noch ungewiß, ob dieser Zuwachs an Evidenz und (sagen wir's ruhig) Glanz dem langsamen Rückzug des Himmels zu danken ist, der nun, je ferner er rückt, desto tiefer ins Dunkel versinkt, oder ob es der Mond ist, der näherrückt und dabei das ringsum verstreute Licht einsammelt, um es dem Himmel wegzunehmen und ganz in den runden Schlund seines Trichters einzusaugen.

Über all diesen Wandlungen ist jedoch nicht zu vergessen, daß der Trabant inzwischen am Himmel vorgerückt ist, indem er sich weiter nach Westen und weiter nach oben bewegt hat. Der Mond ist der wandelbarste Körper des sichtbaren Universums und der stetigste in seinen komplizierten Gewohnheiten: Nie versäumt er seine Verabredungen, und stets kann man ihn an der nächsten Ecke erwarten, doch läßt man ihn einmal irgendwo stehen, so ist er hinterher stets woanders, und schaute er eben noch in die eine Richtung, hat er im nächsten Augenblick schon die Haltung verändert, ein wenig oder auch sehr. Verfolgt man ihn aber auf Schritt und Tritt, so merkt man gar nicht, daß er sich einem entzieht. Nur die Wolken fahren dazwischen, um ein Trugbild von Lauf und rascher Veränderung zu erzeugen – oder besser gesagt: um sichtbar zu machen, was andernfalls sich dem Blick entzöge.

Die Wolken ziehen vorüber, wechseln von Grau zu milchigem Weiß, der Himmmel dahinter ist schwarz geworden, es ist Nacht, die Sterne blinken, der Mond ist ein großer blendender Spiegel, der fliegt. Wer würde darin den bleichen Schatten von vor wenigen Stunden wiedererkennen? Jetzt ist er ein leuchtender See, der ringsum Strahlen verspritzt, einen kalten silbrigen Hof ins Dunkel ergießt und mit weißem Licht die Wege der Nachtwandler überflutet.

Es gibt keinen Zweifel mehr: Was da begonnen hat, ist eine herrliche winterlich klare Vollmondnacht. Herr Palomar, der nun sicher ist, daß der Mond ihn nicht länger benötigt, kehrt nach Hause zurück.

Das Auge und die Planeten

Herr Palomar, der erfahren hat, daß heuer den ganzen April über die drei »äußeren« Planeten, die mit bloßem Auge zu sehen sind (auch für ihn, der kurzsichtig und astigmatisch ist), alle drei »in Opposition« stehen, also die ganze Nacht lang gemeinsam zu sehen sind, eilt auf die Dachterrasse.

Es ist eine klare Vollmondnacht. Der Mars, obwohl nahe dem großen lichtdurchfluteten Spiegel des Mondes, zieht stolz und herrisch dahin mit seinem beharrlichen Funkeln, in einem hochkonzentrierten und dichten Gelbton, der sich von allen anderen Gelbtönen am Firmament unterscheidet, so daß man ihn schließlich rot zu nennen beschlossen hat und in beseelten Augenblicken auch wirklich rot sieht.

Senkt man den Blick in östlicher Richtung auf einer imaginären Bogenlinie, die Regulus mit Spika verbinden müßte (aber Spika ist kaum zu sehen), so trifft man zunächst auf Saturn, der klar hervorsticht mit seinem kühlen weißen Licht, und etwas weiter unten auf Jupiter, der um diese Zeit seinen größten Glanz entfaltet, in einem kräftigen Gelb mit einer Tendenz zu Grün. Die Sterne ringsum verblassen dagegen, nur der Arkturus glänzt trotzig ein Stück weiter oben im Osten.

Um mehr von der dreifachen planetarischen Opposition zu haben, muß man sich unbedingt ein Teleskop besorgen.

Herr Palomar erfreut sich, vielleicht wegen seiner Namensgleichheit mit einem berühmten Observatorium, einiger Freundschaften in Astronomenkreisen und erhält Zugang zu einem 15-Zentimeter-Teleskop, also einem für wissenschaftliche Zwecke eher kleinen Gerät, das aber, verglichen mit seiner Brille, schon einen erheblichen Unterschied macht.

Der Mars zum Beispiel erweist sich im Teleskop als ein ziemlich unschlüssiger Planet, der längst nicht so forsch und zielsicher auftritt, wie es dem bloßen Auge erscheint: Es ist, als hätte er allerlei mitzuteilen, wovon man immer nur einen kleinen Teil mitbekommt, wie in einer hüstelnden und vernuschelten Rede. Ein rötlicher Schein umflimmert den Rand; man kann versuchen, ihn schärfer zu fassen, indem man die Schraube verstellt, um die Eiskappe am unteren Pol hervortreten zu lassen. Flecken erscheinen und verschwinden auf der Oberfläche wie Wolken oder Risse zwischen den Wolken; einer stabilisiert sich in Form und Lage Australiens, und Herr Palomar überzeugt sich, daß er jenes Australien um so klarer sieht, je schärfer er das Objektiv einstellt, aber zugleich bemerkt er, daß ihm dann andere Schatten von Dingen entgleiten, die er zu sehen meinte oder sehen zu müssen glaubte.

Kurzum, ihm scheint, wenn Mars der Planet ist, über den seit Schiaparelli so vieles gesagt worden ist, was abwechselnd Täuschungen und Enttäuschungen nach sich zog, so paßt das gut zu der Schwierigkeit, eine Beziehung zu ihm herzustellen, als wäre er eine Person mit schwierigem Charakter (es sei denn, die Charakterschwierigkeit läge ganz auf

Seiten Herrn Palomars: Vergebens sucht er der Subjektivität zu entfliehen, indem er sich zu den Himmelskörpern flüchtet).

Genau das Gegenteil ist die Beziehung, die er zu Saturn gewinnt, dem aufregendsten Planeten für den, der ihn durch ein Teleskop betrachtet: Herrlich klar und weiß steht er da, scharf die Konturen der Kugel und des Ringes; ein leichtes Streifenmuster gliedert die Kugel, ein dunklerer Zwischenraum trennt ihren Rand vom Ring. Dieses Teleskop erfaßt kaum andere Details und betont die geometrische Abstraktion des Objekts; der Eindruck einer extremen Ferne wird, statt abzunehmen, eher noch stärker.

Daß am Himmel ein Körper rotiert, der so grundverschieden von allen anderen ist, eine Gestalt, die größtmögliche Eigentümlichkeit durch größtmögliche Schlichtheit und Gleichmäßigkeit und Harmonie erreicht, ist ein Umstand, der das Leben und Denken erfreut.

Wenn die Alten ihn hätten sehen können, wie ich ihn jetzt sehe – denkt Herr Palomar –, hätten sie geglaubt, einen Blick in Platons Ideenhimmel zu werfen, oder in den immateriellen Raum der Postulate Euklids; statt dessen gelangt dieses Bild durch wer weiß welche Fehlleitung ausgerechnet zu mir, der ich fürchte, daß es zu schön ist, um wahr zu sein, zu willkommen in meinem imaginären Universum, um zur realen Welt zu gehören. Aber vielleicht ist es gerade dieses Mißtrauen gegenüber unseren Sinnen, das uns hindert, uns im Universum wohl zu fühlen. Vielleicht ist die erste Regel, die ich mir setzen muß, diese: Halt dich an das, was du siehst.

Jetzt scheint Herrn Palomar, daß der Ring leicht schwankt, oder auch der Planet im Ring, während beide sich um die eigene Achse drehen. In Wirklichkeit ist es Herrn Palomars Kopf, der da schwankt, weil er den Hals so verdrehen muß, um durch das Teleskop zu spähen. Doch er hütet sich, diese Täuschung sich einzugestehen, die so schön zu seiner Erwartung paßt wie auch zur natürlichen Wahrheit.

Saturn ist wirklich so. Nach der Expedition des »Voyager 2« hat Herr Palomar alles verfolgt, was über die Ringe geschrieben wurde: daß sie aus mikroskopisch kleinen Partikeln bestehen sowie aus mehr oder minder kleinen Eisbrocken, zwischen denen Abgründe klaffen; daß die Teilungen zwischen den Ringen Furchen sind, in denen die Monde um den Planeten kreisen, wobei sie die Materie zusammenfegen und an den Seiten verdichten wie Hirtenhunde, die um die Herde laufen, um sie zusammenzuhalten; er hat die Entdeckung von ineinandergeschobenen Ringen verfolgt, die sich als einfache, nur sehr viel dünnere Kreise entpuppten, und die Entdeckung von trüben speichenförmig angeordneten Streifen, die als Eiswolken identifiziert werden konnten. All diese neuen Erkenntnisse ändern indessen nichts an der Grundfigur, die noch immer so ist, wie sie als erster Gian Domenico Cassini im Jahre 1676 sah, als er die Teilung der Ringe entdeckte, die seither seinen Namen trägt.

Ein sorgfältiger Mensch wie Herr Palomar hat sich natürlich aus gegebenen Anlaß in Nachschlagewerken und Handbüchern informiert. Jetzt indessen erscheint ihm Saturn, dieser immer neue Gegenstand, herrlich wie am ersten Tag, indem er das Wunder der Erstentdeckung erneuert und Bedauern darüber weckt, daß Galileo mit seinem schwachen Fernrohr nur zu einer ungefähren Vorstellung von ihm gelangte, zum Bild eines dreifachen Körpers oder einer Kugel mit zwei Griffen, und als er kurz davor war, seine wahre Beschaffenheit zu erkennen, schwand ihm die Sehkraft und alles versank im Dunkel.

Wenn man einen leuchtenden Körper zu lange fixiert, ermüdet die Sehkraft. Herr Palomar schließt die Augen und geht zu Jupiter über.

Jupiter in seiner majestätischen, aber nicht schweren Masse trägt zwei blaugrüne Äquatorstreifen wie eine prächtig bestickte Schärpe zur Schau. Auswirkungen ungeheurer atmosphärischer Stürme übersetzen sich in eine wohlgeordnete ruhige Zeichnung von raffinierter Einfachheit. Doch die wahre Pracht dieses luxuriösen Planeten sind seine funkelnden Satelliten, die jetzt alle vier in einer schrägen Linie zu sehen sind wie ein diamantenbesetztes Szepter.

Entdeckt von Galileo, der sie *Medicea sidera*, »Gestirne der Medici« nannte, kurz darauf umbenannt von einem holländischen Astronomen, der ihnen ovidische Namen gab – Io, Europa, Ganymed und Kallisto –, scheinen diese Jupitermonde einen letzten Abglanz von neoplatonischer Renaissance auszustrahlen, als wollten sie nicht zur Kenntnis nehmen, daß die eherne Ordnung der himmlischen Sphären zerfallen ist, zerstört durch das Wirken gerade ihres Entdeckers.

Ein Traum von antiker Klassik weht um Jupiter; ständig

erwartet Herr Palomar, während er ihn durchs Teleskop betrachtet, eine olympische Metamorphose. Doch es gelingt ihm nicht, das Bild scharf zu halten: Er muß für einen Moment die Lider schließen und warten, daß die geblendeten Augen wieder zu einer präzisen Wahrnehmung der Konturen, der Farben, der Schatten gelangen, aber auch warten, daß die Einbildungskraft sich von fremden Kleidern befreit und darauf verzichtet, mit einem Bücherwissen zu prunken.

Wenn die Einbildungskraft der schwachen Sehkraft zu Hilfe kommen soll, muß sie unverstellt sein, spontan und direkt wie der Blick, der sie entzündet. Was war die erste Assoziation gewesen, die Herrn Palomar beim Anblick Jupiters in den Sinn gekommen war und die er als ungehörig verdrängt hatte? Er hatte den Planeten wogen und wallen gesehen und die aufgereihten Monde als blubbernde Luftbläschen, die aus den Kiemen eines Fisches aufsteigen, eines dicken runden schillernden und gestreiften Tiefseefisches...

In der folgenden Nacht geht Herr Palomar wieder auf die Terrasse, um die Planeten noch einmal mit bloßem Auge zu sehen. Der große Unterschied ist, daß er hier nicht umhin kann, die Relationen mit einzubeziehen, die Proportionen zwischen dem jeweiligen Planeten, dem Rest des Firmaments, das sich nach allen Seiten im Dunkel verliert, und ihm als Betrachter, was nicht der Fall ist, wenn sich die Beziehung in einem illusorischen tête-à-tête zwischen dem separaten, von der Linse herangeholten Objekt Planet und dem betrachtendem Subjekt Palomar herstellt. Gleichzeitig hat er von jedem Planeten das detaillierte Bild in Erinnerung, das er gestern gesehen hatte, und versucht es in den winzigen Lichtfleck einzufügen, der dort den Himmel durchbohrt. So hofft er, sich den Planeten wirklich anzueignen – oder zumindest soviel von ihm, wie von einem Planeten in ein Auge eindringen kann.

Die Betrachtung der Sterne

Wenn eine besonders sternklare Nacht ist, sagt sich Herr Palomar: Ich *muß* die Sterne betrachten gehen! Er sagt wirklich »Ich *muß*«, weil er Vergeudung haßt und es unrecht findet, all diese vielen Sterne, die ihm zur Verfügung gestellt werden, zu vergeuden. Außerdem sagt er »Ich *muß*«, weil er nicht viel Übung im Betrachten der Sterne hat, so daß ihn dieses einfache Unternehmen immer eine gewisse Anstrengung kostet.

Es beginnt mit der Schwierigkeit, einen geeigneten Platz zu finden, von dem aus sein Blick ungehindert und ohne die Aufdringlichkeit des elektrischen Lichts durch das ganze Himmelsgewölbe schweifen kann; zum Beispiel einen einsamen Strand an einer sehr flachen Küste.

Unerläßlich ist ferner die Mitnahme einer Himmelskarte, ohne die er nicht wüßte, was er gerade betrachtet. Doch von einem Male zum andern vergißt er, wie man sie ausrichtet, und muß sie erst wieder gründlich studieren. Um die Karte im Dunkeln entziffern zu können, muß er sich auch eine Taschenlampe mitnehmen. Das viele Vergleichen zwischen Himmel und Karte zwingt ihn, die Lampe fortwährend an- und auszuknipsen, und durch den ständigen Wechsel von Licht und Dunkel ist er dann jedesmal fast wie geblendet und muß seine Augen erst wieder umgewöhnen.

Würde Herr Palomar ein Teleskop benutzen, so wären die Dinge einerseits noch komplizierter und andererseits einfacher. Für den Augenblick interessiert ihn jedoch die Erkundung des Himmels mit bloßem Auge, nach Art der antiken Seefahrer und der nomadischen Hirten. Mit bloßem Auge heißt freilich für ihn, der kurzsichtig ist, mit Brille, und da er die Brille zum Lesen der Karte abnehmen muß, kompliziert sich die Operation durch das ständige Hoch- und Niederschieben der Brille auf seiner Stirn und impliziert außerdem, daß er immer erst ein paar Sekunden warten muß, bis seine Augen die Sterne am Himmel oder auf der Karte wieder scharf erfassen. Auf der Karte stehen die Namen der Sterne schwarz auf blauem Grund, so daß er die Lampe ganz nah ans Blatt halten muß, um sie zu erkennen. Schaut er dann wieder zum Himmel hinauf, so sieht er ihn schwarz, übersät mit vagem Geflimmer; erst nach und nach erkennt er einzelne Sterne, die sich zu klaren Sternbildern ordnen, und je länger er schaut, desto mehr sieht er auftauchen.

Hinzu kommt, daß es zwei Himmelskarten sind, die er konsultieren muß, oder genauer vier: eine sehr allgemeine des Himmels in jenem Monat, die den nördlichen und den südlichen Teil getrennt voneinander zeigt, und eine sehr viel detailliertere des ganzen Firmaments, die in einem langgezogenen Streifen die Konstellationen des ganzen Jahres für den mittleren Teil des Himmels rings um den Horizont aufführt, während die Sterne der Kuppel rings um den Polarstern in einer beigefügten runden Karte dargestellt sind. Kurzum, das Lokalisieren eines Sterns verlangt jeweils den Vergleich der verschiedenen Karten mit dem Himmelsgewölbe samt allen dazugehörigen Handlungen wie Auf- und Absetzen der Brille, An- und Ausknipsen der Lampe, Auseinander- und Zusammenfalten der großen Karte, Verlieren und Wiederfinden der Orientierungspunkte.

Seit Herr Palomar das letzte Mal die Sterne betrachtet hat, sind Wochen vergangen, wenn nicht Monate. Alles am Himmel hat sich verändert: Der Große Bär (wir haben August) reicht fast hinunter bis zu den Wipfeln der Bäume im Nordwesten. Arkturus versinkt hinter der Silhouette des Hügels und zieht den ganzen Bootes-Drachen mit sich hinab. Genau im Westen steht Wega, hoch und allein. Wenn jener Stern dort die Wega ist, dann ist dieser über dem Meer der Atair, und oben steht Deneb kaltglänzend im Zenit.

Heute nacht scheint der Himmel noch viel überfüllter zu sein als jede Karte. Die schematisierten Konfigurationen erweisen sich in der Realität als viel komplexer und verworrener: Jeder Sternhaufen könnte das Dreieck oder die unterbrochene Linie enthalten, die man gerade sucht, und jedesmal, wenn man die Augen erneut von der Karte zu einem Sternbild hebt, kommt es einem ein bißchen anders vor.

Um ein Sternbild zu erkennen, prüft man am besten, wie es auf seinen Namen reagiert. Überzeugender als die Übereinstimmung der Distanzen und Konfigurationen am Himmel mit denen auf der Karte ist nämlich die Antwort, die der leuchtende Punkt auf den Namen gibt, mit dem er benannt worden ist: seine prompte Bereitschaft, sich mit dem Klang zu identifizieren und mit ihm eins zu werden.

Die Namen der Sterne mögen für uns, die wir jegliche Mythologie verloren haben, noch so unpassend und willkürlich klingen, wir würden niemals auf den Gedanken kommen, sie für austauschbar zu halten. Wenn der Name, den Herr Palomar für einen Stern gefunden hat, der richtige ist, merkt er es gleich, denn der Stern bekommt durch ihn eine Notwendigkeit und Evidenz, die er zuvor nicht hatte. Ist es jedoch ein falscher Name, so hat ihn der Stern schon ein paar Sekunden später verloren, als hätte er ihn von sich abgeschüttelt, und man weiß nicht mehr, wer und wo er war.

Mehrmals beschließt Herr Palomar, das Haar der Berenike (ein Sternbild, das er besonders liebt) sei dieser oder jener Lichterschwarm im Gebiet des Schlangenträgers, doch er verspürt nichts von der Erregung, die ihn früher beim Wiedererkennen dieses so prächtigen und dabei so zarten Gebildes erfaßte. Erst später wird ihm klar, daß er es deshalb nicht finden kann, weil das Haar der Berenike in dieser Jahreszeit nicht zu sehen ist.

Ein Großteil des Himmels ist von hellen Streifen und Flecken durchzogen, die Milchstraße hat im August eine Konsistenz von so großer Dichte, daß es fast scheint, als träte sie über die Ufer. Hell und Dunkel sind dermaßen miteinander vermengt, daß der perspektivische Eindruck eines schwarzen Abgrunds, vor dessen leerer Tiefe die Sterne sich abheben, gar nicht erst aufkommt. Alles bleibt auf der gleichen Ebene: funkelndes Blitzen und silbrige Nebel und tiefe Finsternis.

Ist dies die exakte Geometrie, zu welcher Zuflucht zu

nehmen Herr Palomar so oft das Bedürfnis verspürte, um sich von der Erde zu lösen, dem Ort der überflüssigen Komplikationen und vagen Annäherungen? Jetzt, da er sich wirklich im Angesicht des gestirnten Himmels befindet, scheint ihm alles irgendwie zu entgleiten. Auch das, wofür er ein besonders feines Gespür zu haben glaubte, nämlich die Winzigkeit unserer Welt angesichts der grenzenlosen Entfernungen, tritt nicht unmittelbar zutage. Das Firmament ist etwas, das sich dort oben befindet; man sieht, daß es da ist, doch man bekommt dadurch keinerlei Vorstellung von Distanzen und Dimensionen.

Wenn die Lichtkörper so mit Ungewißheit geladen sind, bleibt einem nur, sich der Finsternis anzuvertrauen, den leeren Himmelsregionen. Was könnte beständiger sein als das Nichts? Aber nicht einmal auf das Nichts ist hundertprozentig Verlaß: Wo Herr Palomar eine Lichtung im Firmament erblickt, will sagen ein leeres schwarzes Loch, starrt er unverwandt hin, als wollte er sich hineinversetzen, und plötzlich ist ihm, als käme auch dort ein winziges blinkendes Körnchen oder Fleckchen oder ein Sommersprößchen zum Vorschein, aber er weiß nicht recht, ob es wirklich vorhanden ist oder ob er es nur zu sehen meint. Vielleicht ist es bloß ein Flimmern, wie man es kreisen sieht, wenn man die Augen geschlossen hält (der dunkle Himmel ist wie die von Lichteindrücken durchzuckte Innenseite der Lider), vielleicht ist es ein Reflex seiner Brillengläser, aber es könnte genausogut auch ein unbekannter Stern sein, der aus den fernsten Tiefen aufschimmert.

Diese Betrachtung der Sterne vermittelt ein instabiles

und widersprüchliches Wissen – denkt Herr Palomar –, genau das Gegenteil dessen, was die Alten aus ihr zu schöpfen wußten. Sollte es daran liegen, daß sein Verhältnis zum Himmel sporadisch und voller Erregung ist, statt eine regelmäßige stillvergnügte Gewohnheit zu sein? Wenn er sich vornehmen würde, die Sterne Nacht für Nacht und Jahr für Jahr zu betrachten, unermüdlich ihr Hin und Her auf den gebogenen Gleisen des dunklen Himmelsrunds zu verfolgen, dann käme vielleicht auch er am Ende zu einem Begriff von kontinuierlicher und beständiger Zeit fern der labilen und zerstückelten Zeit des Geschehens auf Erden. Aber würde die Aufmerksamkeit für die Revolutionen am Himmel genügen, um ihn mit diesem Stempel zu prägen? Oder bedürfte es nicht vor allem einer inneren Revolution, wie er sie nur theoretisch annehmen kann, ohne Vorstellung von ihren greifbaren Folgen für sein Fühlen und Denken?

Von der mythischen Kenntnis der Gestirne erhascht er nur einen blassen Schimmer, von der wissenschaftlichen nur den Widerhall in den Zeitungen; dem, was er weiß, mißtraut er; das, was er nicht weiß, hält seinen Geist in Atem. Bedrückt, unsicher und immer nervöser brütet er über den Himmelskarten wie über zerblätterten Fahrplänen auf der Suche nach einem Anschluß.

Da, ein glänzender Pfeil durchpflügt den Himmel. Ein Meteor? Schon möglich, dies sind genau die Nächte, in denen man häufig Sternschnuppen sieht. Aber es könnte ebensogut auch ein hellerleuchtetes Flugzeug sein. Herrn Palomars Blick hält sich wachsam, bereit, von jeder Gewißheit frei.

Seit einer halben Stunde sitzt er jetzt da am Strand im Dunkeln, auf einem Liegestuhl, dreht sich abwechselnd bald nach Süden, bald nach Norden, knipst immer wieder die Lampe an, beugt sich über die Karten, die er ausgebreitet auf seinen Knien hat, und beginnt dann erneut seine Himmelserkundung, ausgehend vom Polarstern.

Lautlose Schatten huschen über den Strand, ein Liebespaar löst sich aus der Düne, ein nächtlicher Angler, ein Zollbeamter, ein Schiffer. Herr Palomar hört ein Getuschel. Er blickt sich um: Wenige Schritte von ihm entfernt hat sich eine kleine Menschenmenge gebildet, die aufmerksam seine Gebärden verfolgt, als wären's die Zuckungen eines Verrückten.

Herr Palomar in der Stadt

Herr Palomar auf der Terrasse

Blick über die Dächer der Stadt

Ksch! Ksch! – Herr Palomar läuft auf die Dachterrasse, um das Taubenpack zu verscheuchen, das die Blätter der Gazanie frißt, die Sukkulenten mit Schnabelhieben durchlöchert, sich mit den Krallen in die Glockenblumenkaskade klammert, die Brombeeren pickt, Hälmchen um Hälmchen die in dem kleinen Kasten nahe der Küche gepflanzte Petersilie abrupft, scharrend und grabend die Erde in den Blumentöpfen aufwühlt, bis die Wurzeln freiliegen, als wäre der einzige Zweck ihrer Flüge Zerstörung. Den sanften Tauben von einst, deren Flug die Plätze erfreute, ist eine verkommene Brut nachgefolgt, ein dreckiges und verseuchtes Pack, weder zahm noch wild, doch zum integralen Bestandteil der öffentlichen Institutionen geworden und als solcher unausrottbar. Der Himmel Roms ist seit langem in die Gewalt der Überbevölkerung dieser Lumpenvögel gefallen, die den anderen Vogelarten ringsum das Leben schwer machen und das einst freie und mannigfaltige Reich der Lüfte bedrücken mit ihrem monoton bleigrauen und gerupften Gefieder.

Eingezwängt zwischen die unterirdischen Horden der Mäuse und den lastenden Flug dieser Tauben läßt sich die uralte Stadt von unten und oben zerfressen, ohne dagegen mehr Widerstand aufzubringen als ehedem gegen die Einfälle der Barbaren – als würde sie darin nicht den Ansturm äußerer Feinde erkennen, sondern die dunkleren kongenitalen Triebe ihres eigenen Wesens.

Die Stadt hat indessen auch eine Seele (eine von vielen), die von der Eintracht lebt, in welcher sich altes Gemäuer und immer neue Vegetation die reichliche Gunst der Sonne teilen. Vertrauend auf diesen guten Wesenszug des Milieus oder *genius loci* träumt die Palomarsche Terrasse, eine abgeschiedene Insel über den Dächern, alle Pracht und Fülle der Gärten Babylons unter ihrer Pergola zu vereinen.

Die Üppigkeit der Terrasse entspricht den Wünschen aller Familienmitglieder, doch während Frau Palomar als die pflegliche Mutter spontan und natürlich dazu gekommen war, ihre Aufmerksamkeit für die einzelnen Dinge auf die Pflanzen zu übertragen (die sie ausgewählt und sich durch innere Identifikation zu eigen gemacht und auf diese Weise zu integrieren verstanden hatte, so daß sie nun ein Ensemble mit vielerlei Variationen bilden, eine Art emblematische Sammlung), geht diese geistige Dimension den beiden anderen ab: der Tochter, weil Jugend sich nie auf das Hier-und-Jetzt fixieren kann noch darf, sondern immer nur auf das Weiter-Vorn, und dem Vater, weil er zu spät dahin kam, sich von der jugendlichen Ungeduld zu befreien und zu begreifen (nur in der Theorie), daß letzten Endes das einzige Heil darin liegt, sich an die vorhandenen Dinge zu halten.

Die Sorgen des Gärtners, für den nichts anderes zählt als die gegebene Pflanze, das gegebene Stück Boden, das der Sonne von dann bis dann ausgesetzt ist, die gegebene Blattkrankheit, die beizeiten bekämpft werden muß mit der und der Behandlungsmethode, sind einem Denken fremd, das sich an industriellen Verfahrensweisen geschult hat und folglich mehr dazu neigt, über die generelle Anlage und die Prototypen zu entscheiden. Als Herrn Palomar aufging, wie ungenau und fehleranfällig die Kriterien jener Welt sind, in welcher er Präzision und universale Normen zu finden vermeinte, kam er langsam darauf zurück, sich ein Verhältnis zur Welt zu schaffen, indem er es auf die Betrachtung der sichtbaren Formen beschränkte; doch da er inzwischen nun eben war, wie er war, blieb seine Aufmerksamkeit für die Dinge nur das sporadische und labile Interesse jener Leute, die immer den Eindruck erwecken, als dächten sie an etwas anderes, doch dieses andere ist nicht da. Und so besteht nun sein Beitrag zur Prosperität der Terrasse darin, daß er ab und zu hinläuft, um – Ksch! Ksch! – das Taubenpack zu verscheuchen, nicht ohne dabei den atavistischen Reiz der Verteidigung des Territoriums zu spüren.

Lassen sich andere Vögel als Tauben auf der Terrasse nieder, so verscheucht sie Herr Palomar nicht, sondern heißt sie willkommen, drückt ein Auge zu, falls sie Schäden mit ihren Schnäbeln anrichten, und betrachtet sie eher als Boten freundlicher Götter. Doch solche Besuche sind rar: Hin und wieder kommt eine Abordnung Krähen geflogen, punktiert den Himmel mit schwarzen Flecken und verbreitet (auch die Sprache der Götter ändert sich mit den Jahrhunderten) ein Gefühl von Leben und Freude. Manchmal erscheint ein Amselpaar, artig und wachsam; einmal war auch ein Rotkehlchen da; und natürlich das Spatzenvolk in der üblichen Rolle anonymer Passanten. Andere Präsenzen gefiederter Wesen über der Stadt sind mehr aus der Ferne zu sichten: die Zugvögelschwärme im Herbst und im Sommer die Akrobatik der Schwalben und Mauersegler. Ab und zu kommen auch weiße Möwen, mit langen Flügeln die Luft durchrudernd, bis über das trockene Ziegelmeer, vielleicht verirrt, von der Mündung aufwärts den Schleifen des Tibers folgend, vielleicht auch vertieft in ein Hochzeitsritual, und ihr Meeresruf schrillt durch den Lärm der Stadt.

Die Terrasse ist zweistufig, eine Art Altan oder Aussichtsplattform überragt das Gewirr der Dächer, über das Herr Palomar einen Vogelblick gleiten läßt. Er versucht, sich die Welt so zu denken, wie sie von fliegenden Wesen gesehen wird. Zwar tut sich unter den Vögeln, anders als unter ihm, die Leere auf, aber vielleicht schauen sie nie hinunter, sondern blicken immer nur seitwärts, wenn sie sich schräg auf den Flügeln wiegen, und ihr Blick trifft genau wie der seine, wohin er sich wendet, nur immer auf höhere oder niedere Dächer, mehr oder weniger hohe Bauten, die aber so dicht stehen, daß sie kein Tieferblicken erlauben. Daß dort unten eingezwängt in der Tiefe Straßen und Plätze existieren, daß der wahre Boden erst jener auf Bodenhöhe ist, weiß Herr Palomar aufgrund anderer Erfahrungen. Jetzt in diesem Moment, angesichts dessen, was er von hier oben sieht, könnte er es nicht ahnen.

Die wahre Form der Stadt erweist sich in diesem Auf und Ab von Dächern, alten und neuen Ziegeln, Hohl- und Flachpfannen, schlanken oder gedrungenen Kaminen, Lauben aus Schilfrohr oder mit welligen Eternitüberdachungen, Brüstungen, Balustraden, kleinen Pfeilern mit Vasen darauf, erhöhten Wasserbehältern aus Wellblech, Luken, Mansarden, gläsernen Oberlichtern, und über allem die Takelage der Fernsehantennen, krumm oder gerade, blank oder rostig, Modelle verschiedener Generationen, vielfach verzweigt und gehörnt und beschirmt, doch alle dürr wie Skelette und dräuend wie Totempfähle. Getrennt durch unregelmäßig gezackte Buchten von Leere belauern einander proletarische Dachterrassen mit Wäscheleinen voll bunter Wäsche und Tomatenstöcken in Zinkwannen, herrschaftliche Terrassen mit Kletterpflanzenspalieren auf Holzgerüsten und weißlackierten Gartenmöbeln aus Gußeisen unter einrollbaren Markisen, Glockentürme mit Glockengeläut in der Glockenstube, Giebelfronten öffentlicher Gebäude in Frontalansicht oder im Profil, Gesimse, Zierfassaden und Zinnen, Attiken mit Figurenaufsatz, gesetzwidrige, aber nicht strafbare Aufbauten, Stahlrohrgerüste von laufenden oder halbfertig abgebrochenen Bauarbeiten, breite Salonfenster mit Gardinen und schmale Klofenster, ocker- und sienafarbene Mauern, schimmlige Mauern, aus deren Ritzen Grasbüschel wachsen mit hängenden Halmen, klobige Fahrstuhltürme, gotische Kirchentürme mit durchbrochenen Doppel- und Dreibogenfenstern, nadelspitze Fialen auf Strebepfeilern mit Madonnen darauf, Pferdestatuen und Quadrigen, Dachbehausungen, die zu Schuppen verfallen sind, Schuppen, die zu Maisonetten ausgebaut wurden – und überall wölben sich Kuppeln zum Himmel, in jeder Richtung und jeder Entfernung, wie um die Weiblichkeit, das junonische Wesen der Stadt zu bekräftigen:

Kuppeln in Weiß oder Rosa oder auch Violett, je nach der Tageszeit und dem Licht, geädert mit feinem Rippenwerk und gekrönt mit Laternen, auf denen sich wiederum kleinere Kuppeln erheben.

Nichts von alledem ist zu sehen für jene, die sich zu Fuß oder auf Rädern über das Straßenpflaster bewegen. Dafür hat man umgekehrt von hier oben den Eindruck, dies sei die wahre Kruste der Erde, uneben, aber kompakt, wenn auch zerfurcht von Spalten, deren Tiefe man nicht erkennt, von Rissen und Gräben und Kratern, deren Ränder im perspektivischen Blick zusammengerückt erscheinen wie Schuppen an einem Tannenzapfen, und man kommt gar nicht auf die Idee sich zu fragen, was sie auf ihrem Grunde verbergen, da schon die Ansicht der Oberfläche so unendlich reich und vielfältig ist, daß sie vollauf genügt, den Geist mit Informationen und Signifikaten zu füllen.

So räsonieren die Vögel, oder so jedenfalls räsoniert, sich als Vogel imaginierend, Herr Palomar. Erst wenn man die Oberfläche der Dinge kennengelernt hat – schließt er –, kann man sich aufmachen, um herauszufinden, was darunter sein mag. Doch die Oberfläche der Dinge ist unerschöpflich.

Der Bauch des Gecko

Wie jeden Sommer ist auf der Terrasse auch wieder der Gecko. Dank einer außergewöhnlich guten Beobachterposition sieht ihn Herr Palomar nicht von oben, wie wir seit jeher Geckos, Eidechsen und Salamander zu sehen gewohnt sind, sondern von unten. Im Wohnzimmer der Familie Palomar gibt es ein kleines Vitrinenfenster, das zur Terrasse geht und auf seinen Borden eine Sammlung von Jugendstilvasen beherbergt; abends beleuchtet eine 75-Watt-Lampe die Objekte. Eine Strandnelkenpflanze läßt ihre blaugrünen Zweige außen von der Terrassenmauer über die Scheibe hängen. Jeden Abend, wenn das Licht angeht, kommt der Gecko, der unter dem Blattwerk an jener Mauer wohnt, in den Lichtkegel auf die Scheibe gekrochen und verharrt dort reglos wie eine Eidechse in der Sonne. Fliegen und Mücken schwirren vorbei, gleichfalls vom Licht angezogen. Kommt eine davon in die Reichweite des Reptils, wird sie verschluckt.

Jeden Abend rücken Herr und Frau Palomar ihre Sessel schließlich vom Fernseher vor das Fenster: Aus dem Innern des Zimmers betrachten sie, stumm und versunken, die bleiche Gestalt vor dem dunklen Hintergrund. Nicht immer erfolgt die Wahl zwischen Gecko und Fernsehen ohne Zögern, denn jedes der beiden Schauspiele bietet Informationen, die dem anderen nicht zu entnehmen sind: Das Fernsehen streift durch die Kontinente auf der Suche nach Lichtimpulsen, die das sichtbare Antlitz der Dinge beschreiben, während der Gecko die reglose Konzentration sowie das Verborgene darstellt, die Kehrseite dessen, was sich dem Blick offenbart.

Am eindrucksvollsten sind seine Füße: richtige kleine Händchen mit weichen Fingerchen ganz aus Kuppen, die, an die Scheibe gepreßt, mit winzigen Saugnäpfchen an ihr haften. Die fünf kleinen Fingerchen spreizen sich wie Blütenblätter in einer Kinderzeichnung, und wenn sich ein Beinchen bewegt, schließen sie sich wie eine Blume am Abend, um sich dann wieder zu öffnen und an die Scheibe zu pressen, wobei sie winzige Rillenmuster zeigen, ähnlich denen von Fingerabdrücken. Zart und kraftvoll zugleich, scheinen diese Händchen eine potentielle Intelligenz zu besitzen, so daß man fast meinen möchte, sie bräuchten sich nur noch von der Aufgabe zu befreien, an der senkrechten Fläche klebenzubleiben, um die Fertigkeiten der menschlichen Hand zu erwerben, die ja, wie es heißt, in dem Moment geschickt zu werden begann, als sie nicht mehr Zweige umklammern oder die Erde berühren mußte.

Die gekrümmten Beinchen scheinen nicht nur ganz Knie, ganz Ellenbogen zu sein, sondern geradezu federnde Stützen des Rumpfes. Der Schwanz berührt die Scheibe nur mit einem schmalen Mittelstreifen, von dem die Ringe ausgehen, die ihn auf beiden Seiten umfassen und zu einem starken, gut gepanzerten Instrument machen. Meistens träge und teilsnahmslos daliegend, scheint er kein anderes

Bestreben oder Talent zu haben, als ergänzende Stütze zu sein (kein Vergleich zur grazilen Beweglichkeit eines Eidechsenschwanzes), doch bei Bedarf erweist er sich als reaktionsschnell und wohlgegliedert, ja ausdrucksvoll.

Vom Kopf sieht man nur die weite vibrierende Kehle und die seitlich vorstehenden lidlosen Augen. Die Kehle ist ein länglicher schlaffer Sack, der sich von der Spitze des Kinns, das hart und schuppig ist wie bei einem Krokodil, bis zum weißlichen Bauch hinunter erstreckt, der dort, wo er sich auf die Scheibe drückt, ebenfalls eine körnige und vielleicht haftende Sprenkelung aufweist.

Kommt ein Insekt in die Nähe der Kehle, so schießt die Zunge hervor und verschlingt es. Blitzschnell ist diese Zunge, geschmeidig und zupackend, formlos und fähig, jede Form anzunehmen. Allerdings ist sich Herr Palomar nie ganz sicher, ob er sie wirklich gesehen hat oder nicht. Was er jetzt mit Sicherheit sieht, ist das Insekt in der Kehle des Gecko, denn dessen an die beleuchtete Scheibe gepreßter Leib ist durchscheinend wie auf dem Röntgenschirm, so daß man den Schatten der Beute auf ihrem Weg durch die Eingeweide, die sie allmählich zersetzen, verfolgen kann.

Wenn alle Materie durchscheinend wäre, der Boden, der uns trägt, und die Hülle, die unsere Körper umgibt, so erschiene uns alles – sinniert Herr Palomar – nicht wie ein Wehen hauchdünner Schleier, sondern wie eine Hölle unaufhörlich zermalmender und verschlingender Rachen. Vielleicht beobachtet uns in diesem Moment ein Gott der Unterwelt aus dem Innern der Erde, verfolgt mit seinem granitdurchdringenden Blick des Kreislauf des Lebens und

Sterbens, den Weg der zerstückelten Opfer, die sich in den Mägen ihrer Verschlinger zersetzen, bis diese ihrerseits von einem anderen Rachen verschlungen werden.

Der Gecko bleibt stundenlang reglos sitzen, nur seine Zunge schnellt immer wieder wie eine Peitsche hervor, um sich eine Fliege oder Mücke zu schnappen. Andere Insekten hingegen, mögen sie auch genauso aussehen und sich arglos wenige Millimeter vor seinem Maul niederlassen, scheint er nicht wahrzunehmen. Kann er sie mit den längsgeschlitzten Pupillen seiner seitlich vorspringenden Augen nicht sehen? Oder hat er Gründe zur Wahl und Ablehnung, die wir nicht kennen? Läßt er sein Handeln womöglich vom Zufall bestimmen oder von Launen?

Die Segmentierung durch Ringe an Beinen und Schwanz, die Sprenkelung mit winzigen Schuppenplättchen an Kopf und Bauch geben ihm das Aussehen eines mechanischen Apparates, einer hochkomplexen und bis ins kleinste Detail durchdachten Maschine, so daß sich die Frage aufdrängt, ob eine solche Perfektion nicht vergeudet ist angesichts der begrenzten Operationen, die ihr Träger vollführt. Oder ist vielleicht dies sein Geheimnis: daß der Gecko, befriedigt über das bloße Sein, das Tun auf ein Minimum reduziert? Ist dies seine Lehre, also das Gegenteil der Moral, die sich Herr Palomar in der Jugend hatte zu eigen machen wollen: immer bemüht sein, etwas zu tun, was ein bißchen die eigenen Kräfte übersteigt?

Da, jetzt gelangt ein verirrter Nachtfalter in seine Reichweite. Läßt er ihn weiterflattern? Nein, er schnappt sich auch diese Beute. Die Zunge verwandelt sich in ein

Schmetterlingsnetz und holt sich das Opfer ins Maul. Paßt es in voller Größe hinein? Spuckt er es wieder aus? Platzt er? Nein, der Falter steckt in der Kehle: zuckend, zusammengepreßt, aber noch erkennbar er selbst, noch unberührt vom Angriff zermalmender Zähne. Jetzt gleitet er durch den engen Schlund, wird zu einer Schattengestalt, die ihre langsame qualvolle Reise eine geblähte Speiseröhre hinunter beginnt.

Der Gecko, aus seiner Reglosigkeit erwacht, schluckt heftig, zieht konvulsivisch die Kehle zusammen, wankt und zittert auf Beinen und Schwanz, windet den einer harten Prüfung unterzogenen Leib. Hat er genug für heute? Macht er sich nun davon? War dies der Gipfel allen Verlangens, das er zu befriedigen suchte? War es die Prüfung an den Grenzen des Möglichen, die er bestehen wollte? Nein, er bleibt sitzen. Vielleicht ist er eingeschlafen. Wie ist der Schlaf für ein Wesen mit lidlosen Augen?

Auch Herr Palomar kann sich nicht losreißen. Er starrt unverwandt auf das Reptil. Es gibt keine Kampfpause, auf die man sich verlassen kann. Selbst wenn man das Fernsehen wieder anstellt, erweitert man nur die Betrachtung der allgemeinen Massaker. Die Schattengestalt des Falters, eine zerbrechliche Euridike, versinkt allmählich in ihrem Hades. Da kommt eine Mücke geflogen, gleich wird sie sich auf die Scheibe setzen. Und die Zunge des Gecko schnellt vor.

Die Invasion der Stare

In diesem Spätherbst gibt es in Rom etwas Ungewöhnliches zu sehen, nämlich den Himmel voller Vögel. Die Dachterrasse der Palomars ist ein guter Beobachtungsposten, von wo aus der Blick in weitem Umkreis über die Dächer schweift. Herr Palomar weiß von diesen Vögeln nur, was er über sie gehört hat: Stare sind es, die aus dem Norden kommen und sich zu Hunderttausenden hier versammeln, um anschließend alle gemeinsam nach Afrika aufzubrechen. Nachts schlafen sie auf den Bäumen der Stadt, und wer sein Auto am Tiberufer geparkt hat, muß es am nächsten Morgen von oben bis unten waschen.

Wohin sie tagsüber fliegen, welche Funktion dieser lange Stadtaufenthalt in der Strategie ihrer Züge hat, was diese immensen Abendversammlungen für sie bedeuten, diese Flugübungen wie für ein großes Manöver oder eine Parade, hat Herr Palomar noch nicht so ganz verstanden. Die Erklärungen, die man gewöhnlich dafür bekommt, sind alle ein wenig zweifelhaft, konditioniert von Hypothesen und schwankend zwischen verschiedenen Alternativen. Was nicht weiter verwunderlich ist, da es sich um Gerüchte handelt, die von Mund zu Mund weitergehen, doch wie es scheint, ist auch die Wissenschaft, der es zukäme, sie zu bestätigen oder zu widerlegen, unsicher, approximativ. Bei diesem Stand der Dinge hat Herr Palomar sich entschlossen, lediglich zu beobachten, um das wenige, was ihm zu sehen gelingt, in den kleinsten Details zu fixieren und sich an die spontanen Ideen zu halten, die ihm dabei kommen.

Am rotblauen Abendhimmel sieht er von einer Seite her einen dünnen Staubschleier aufziehen, eine Wolke flatternder Flügel. Er macht sich kar, daß es Tausende und Abertausende sind: eine Invasion, die das ganze Himmelsrund überzieht. Was ihm bis eben noch als eine stille und leere Unermeßlichkeit vorkam, erweist sich auf einmal als ganz durchdrungen von pfeilschnellen leichten Präsenzen.

Eigentlich ein beruhigender Anblick, das Erscheinen der Zugvögel, in unserem Urgedächtnis verbindet es sich mit dem Kommen und Gehen der Jahreszeiten. Doch in Herrn Palomar weckt es ein vages Gefühl von Beklommenheit. Vielleicht weil diese plötzliche Überfüllung des Himmels uns daran erinnert, daß die Natur aus dem Gleichgewicht ist? Oder weil unser Unsicherheitsgefühl überall Vorzeichen von Katastrophen sieht?

Wenn man an Zugvögel denkt, stellt man sich für gewöhnlich eine wohlgeordnete und kompakte Flugformation vor, die den Himmel als breite Front oder langgezogene Phalanx mit spitzem Winkel durchpflügt, fast eine aus zahllosen Vögeln gebildete Vogelform. Doch dieses Bild gilt nicht für die Stare, jedenfalls nicht für diese Stare am herbstlichen Himmel Roms: Sie bilden eine dichte Masse, die sich in der Luft zu zerstreuen und aufzulösen scheint wie Pulver in einer Flüssigkeit, statt dessen sich aber ständig weiter verdichtet, als würden ihr aus einer unsichtbaren

Rohrleitung permanent neue wirbelnde Teilchen zugeführt, ohne die Lösung jemals zu sättigen.

Die Wolke wird breiter, schwarzgepunktet von Flügeln, die sich jetzt klarer vom Himmel abheben, ein Zeichen dafür, daß sie näherkommen. Herr Palomar kann im Innern des Schwarms bereits eine Perspektive erkennen, denn einige Vögel sieht er schon ganz nah über seinem Kopf fliegen, andere ferner, andere noch ferner, und ständig entdeckt er weitere, kleiner und kleiner werdende Punkte, über Kilometer und Kilometer, wie es scheint, und man wäre geneigt, den Distanzen vom einen zum anderen ein nahezu gleiches Maß zuzuschreiben. Doch diese Illusion von Regelmäßigkeit ist verräterisch, denn nichts ist schwerer zu schätzen als die Verteilungsdichte von Vögeln im Flug: Wo die Kompaktheit des Schwarms beinahe den Himmel verdunkelt, entdeckt man auf einmal, daß zwischen Vogel und Vogel leere Abgründe klaffen.

Verweilt er ein paar Minuten dabei, die Disposition der Vögel im einzelnen zu verfolgen, Star um Star im Bezug zueinander, so fühlt Herr Palomar sich in ein Netz einbezogen, das kontinuierlich und lückenlos immer weitergeht, als würde er selber zu einem Teil dieses sich bewegenden Körpers, der aus Hunderten und Aberhunderten einzelner Körper besteht, die zusammen ein Ganzes bilden wie eine Wolke oder Rauchsäule oder ein Wasserstrahl, also etwas, das trotz aller Flüssigkeit in der Substanz eine Solidität in der Form erreicht. Doch er braucht nur einen einzelnen Star mit dem Blick zu verfolgen, und schon gewinnt die Dissoziation der Teile wieder die Oberhand, und die Strömung, die ihn zu tragen, oder das Netz, das ihn zu halten schien, lösen sich auf, und der Effekt ist ein Schwindelgefühl im Magen.

So zum Beispiel, wenn Herr Palomar, nachdem er sich überzeugt hat, daß der Schwarm direkt auf ihn zufliegt, den Blick auf einen einzelnen Vogel richtet, der sich statt dessen entfernt, und von diesem auf einen anderen, der sich gleichfalls entfernt, aber in eine andere Richtung, und auf einmal merkt er, daß alle Vögel, die scheinbar näherkommen, in Wirklichkeit überallhin davonfliegen, als befände er sich im Zentrum einer Explosion. Doch er braucht nur den Blick in eine andere Himmelsgegend zu richten, und schon konzentrieren die Vögel sich wieder zu einem immer dichteren und kompakteren Strudel, wie Eisenspäne auf einem Papier mit einem Magneten darunter, der sie anzieht und zu kreisenden Mustern ordnet, die bald dunkler, bald heller werden und sich am Ende auflösen, um nur disparate Fragmente auf dem weißen Papier zu lassen.

Schließlich bildet sich eine Form in dem wirren Geflatter, kommt näher, verdichtet sich: eine runde Form, ein Kreis oder eine Kugel, eine Blase, das Blasenrund eines Comic-Zeichners, der an einen Himmel voller Vögel denkt, eine Lawine aus flatternden Flügeln, die durch die Luft rollt und sich alle Vögel im Umkreis einverleibt. In der Gleichförmigkeit des umgebenden Raumes bildet sie einen Sonderraum, einen sich bewegenden Hohlraum, in dessen Grenzen – die sich ausdehnen und zusammenziehen wie eine elastische Oberfläche – die Stare weiterhin kreuz und quer umherfliegen können, solange sie nicht die Kugelform des Ganzen entstellen.

Nach einer Weile bemerkt Herr Palomar, daß die Zahl der wirbelnden Wesen im Innern der Kugel rasch zunimmt, als strömten, zügig wie der Sandstrom in einer Sanduhr, neue Kräfte herein. Es ist eine weitere Vogelschar, die gleichfalls Kugelform annimmt, während sie in der bestehenden Kugel wächst. Doch offenbar reicht ihr Zusammenhalt nur bis zu einer bestimmten Grenze, denn schon sieht Herr Palomar ein Zerfasern der Form an den Rändern, ja echte Risse, die aufbrechen und die Kugel zerplatzen lassen. Er hat sie noch kaum recht wahrgenommen, da ist die Figur schon wieder zerfallen.

Die Beobachtungen über die Vögel folgen und multiplizieren einander so schnell, daß Herr Palomar, um sie im Kopf zu ordnen, das Bedürfnis verspürt, mit seinen Freunden darüber zu sprechen. Auch seine Freunde haben etwas dazu zu sagen, denn allen ist es schon einmal untergekommen, sich für das Phänomen zu interessieren, oder ihr Interesse hat sich geregt, nachdem er mit ihnen darüber gesprochen hat. Es ist ein unerschöpfliches Thema, und wenn einer der Freunde glaubt, etwas Neues gesehen zu haben oder einen früheren Eindruck revidieren zu müssen, fühlt er sich verpflichtet, sofort mit den anderen zu telefonieren. So läuft ein ständiger Fluß von Nachrichten hin und her durch das Telefonnetz, während der Himmel von Vogelschwärmen durchpflügt wird.

»Hast du gesehen, wie sie es immer schaffen, einander auszuweichen, auch wenn sie in dichten Haufen fliegen, auch wenn ihre Flugbahnen sich überschneiden? Man möchte fast meinen, sie hätten Radar.«

»Das stimmt nicht, ich habe schon schlimm zugerichtete Vögel auf dem Straßenpflaster gefunden, sterbende oder tote: die Opfer der Flugzusammenstöße, die unvermeidlich sind, wenn die Dichte zu groß wird.«

»Ich weiß jetzt, warum sie abends immer so lange noch über diesem Teil der Stadt fliegen. Sie sind wie Flugzeuge, die über dem Flugplatz kreisen, bis sie Landeerlaubnis kriegen. Darum sehen wir sie immer so lange herumfliegen: Sie warten, bis sie an der Reihe sind, sich auf die Bäume zu setzen, wo sie die Nacht verbringen.«

»Ich hab gesehen, wie sie's machen, wenn sie auf die Bäume runtergehen. Sie kreisen erst lange am Himmel in Spiralen, und dann plötzlich, einer nach dem anderen, gehen sie im Sturzflug runter, jeder genau auf den Baum, den er sich ausgesucht hat, um erst im allerletzten Moment scharf abzubremsen und sich auf den Ast zu setzen.«

»Nein, Verstopfungen des Luftverkehrs können nicht das Problem sein. Jeder Vogel hat seinen bestimmten Baum, seinen bestimmten Ast und seinen Platz auf dem Ast. Er erkennt ihn von oben und stürzt sich drauf.«

»Haben sie so scharfe Augen?«

»Hmm.«

Es sind nie lange Telefonate, auch weil Herr Palomar rasch wieder auf die Terrasse will, als fürchte er, etwas Entscheidendes zu verpassen.

Jetzt sieht es so aus, als hielten die Vögel nur den Teil des Himmels besetzt, den noch die Strahlen der untergehenden Sonne erreichen. Doch wenn man genauer hinsieht, erkennt man, daß ihr Zusammen- und Auseinanderströmen sich wie ein langes, im Zickzack wedelndes Band abwickelt. In den Kurven des Bandes erscheint der Schwarm dichter, fast wie ein Bienenschwarm, und auf den langen geraden Strecken ist er nur eine lockere Folge von flatternden Punkten.

Bis der letzte Schein am Himmel verlischt, steigt aus den Straßenschluchten ein Meer von Dunkelheit auf, um den Archipel von Ziegeln und Kuppeln und Dachterrassen und Glockentürmen und Attiken und Altanen zu überschwemmen. Und das schwarze Geschwirr der himmlischen Invasoren stürzt hernieder, bis es verschmilzt mit dem schweren Flug der blöden kackenden städtischen Tauben.

Herr Palomar beim Einkaufen

Anderthalb Kilo Gänseschmalz

Das Gänseschmalz zeigt sich in feinen Gläsern, die jeweils, wie ein handgeschriebenes Etikett besagt, »zwei Gliedmaßen einer Mastgans (ein Bein, einen Flügel), Gänseschmalz, Salz und Pfeffer, 1500 Gramm Nettogewicht« enthalten. Im dichten und weichen Schimmern, das die Gläser erfüllt, dämpft sich das Kreischen der Welt: Ein brauner Schatten steigt auf und läßt wie im Dunst der Erinnerung die getrennten Glieder der Gans durchscheinen, ertrunken im eigenen Fett.

Herr Palomar steht Schlange in einer Pariser Charcuterie. Es sind Festtage, aber hier ist das Gedränge der Kunden auch in minder kanonischen Zeiten normal, denn es ist einer der guten Feinkostläden der Metropole, der wie durch ein Wunder überlebt hat – in einem Viertel, in dem die alten Läden nach und nach durch die Verflachung des Massenkonsums, die hohen Mieten, die niedrigen Einkommen der Verbraucher und nun auch die Krise verdrängt und durch anonyme Supermärkte ersetzt worden sind.

Während er in der Schlange wartet, betrachtet Herr Palomar sinnend die Schmalzgläser. In seinen Erinnerungen sucht er nach einem Ort für das *Cassoulet*, ein Schweinegeschmortes mit weißen Bohnen, für welches das Gänseschmalz unentbehrlich ist, doch weder die Gaumenerinnerung noch das Kulturgedächtnis helfen ihm weiter. Dennoch fühlt er sich von dem Namen, dem Bild und der Vorstellung angezogen, sie wecken in ihm eine plötzliche Phantasterei nicht so sehr der Freßlust als der Erotik: Aus einem Berg von Gänseschmalz erhebt sich eine Frauengestalt, bestreicht sich die rosa Haut mit schimmerndem Fett, und schon sieht er sich ihr entgegeneilen, mitten durch jene dichten Massen hindurch, und sie umarmen und mit ihr versinken.

Er verscheucht den unziemlichen Gedanken und blickt zur Decke hinauf, an der Salamiwürste als Weihnachtsgirlanden hängen wie Früchte an den Zweigen der Schlaraffenlandbäume. Ringsum auf den Marmorgesimsen triumphiert der Überfluß in den von Kunst und Kultur entwickelten Formen. In den Scheiben der Wildpasteten gerinnen die Läufe und Flüge der Heide, sublimiert zu einem Gobelin von Geschmäckern. Die Fasanensülzen reihen sich in zylinderförmigen Gläsern, graurosa und zur Beglaubigung ihrer Herkunft mit zwei Vogelklauen gekrönt, die aus einem heraldischen Wappen oder aus einem Renaissancemöbel ragen.

Durch die Gelatinehüllen schimmern die großen Schönheitsflecken der schwarzen Trüffel, aneinandergereiht wie Knöpfe auf dem Gewand eines Pierrot oder wie Noten in einer Partitur, um die rosigbunten Beete der *Pâtés de foie gras* zu sprenkeln, die *Terrines*, die Galantinen, die Preßköpfe, die fächerförmig ausgebreiteten Lachsscheiben und die trophäenartig garnierten Artischockenböden. Das Leitmotiv der Trüffelscheiben vereint die Vielfältigkeit der Substanzen, wie das Schwarz von Abendanzügen die Buntheit auf einem Maskenball, und kontrasigniert die festliche Kleidung der Speisen.

Grau und trübe und mürrisch sind demgegenüber die Leute, die sich vor den Tresen drängen, sortiert von weißgekleideten, mehr oder minder betagten Verkäuferinnen, die mit barscher Effizienz operieren. Die Pracht der majonnaiseglänzenden Lachstartinen verschwindet wie aufgeschluckt in den dunklen Taschen der Kunden. Alle wissen hier offenbar sehr genau, was sie wollen, jeder zeigt geradewegs auf das Gewünschte mit einer Bestimmtheit, die keine Schwankungen kennt, und im Nu werden Berge von zarten Pasteten, weißen Crèmes und Cervelatwürsten abgetragen.

Herr Palomar sucht in den Blicken der Kunden nach einem Abglanz der Faszination dieser Schätze, doch ihre Mienen und Gesten sind nur gehetzt und flüchtig, jeder kümmert sich nur um sich selbst, nervös und einzig auf das bedacht, was er hat und was er noch haben will. Keiner erscheint ihm würdig der pantagruelischen Pracht, die sich da ausbreitet in den Vitrinen und auf den Tresen. Eine freudlose Gier treibt diese Leute – und doch besteht eine tiefe urwüchsige Verbindung zwischen ihnen und diesen Speisen, die ihnen wesensgleich sind, Fleisch von ihrem Fleische.

Er wird sich bewußt, daß er eine Regung verspürt, die der Eifersucht ziemlich nahekommt: Er wünscht sich, diese Enten- und Hasenpasteten in ihren Schalen würden bezeugen, daß sie ihn den anderen vorziehen, daß sie in ihm den einzigen Käufer erkennen, der ihre Gaben verdient – Gaben, die uns Natur und Kultur durch Jahrtausende überliefert haben und die nicht in profane Hände fallen dürfen! Der heilige Eifer, von dem er sich plötzlich durchdrungen fühlt – ist er nicht ein Zeichen, daß er allein der Erwählte ist, Herr Palomar, der Begnadete, der einzige, der den Schwall dieser aus dem Füllhorn der Welt überquellenden Güter verdient?

Er blickt sich um und erwartet, ein Orchester von Düften und Geschmäckern vibrieren zu hören. Nein, nichts vibriert. All diese Leckerbissen wecken in ihm nur ungefähre und vage Erinnerungen, seine Phantasie assoziiert die Genüsse nicht instinktiv mit den Bildern und Namen. Er fragt sich, ob seine Naschlust nicht vor allem geistiger, ästhetischer und symbolischer Art ist. Könnte es sein, daß die Galantinen, so sehr er sie mag, vielleicht *ihn* nicht mögen? Vielleicht spüren sie, daß sein Blick jedes Lebensmittel in ein Dokument der Kulturgeschichte verwandelt, in einen Museumsgegenstand?

Herr Palomar wünscht sich jetzt, daß die Schlange schneller voranginge. Er weiß: Wenn er nur noch ein paar Minuten in diesem Laden verbringt, wird er am Ende davon überzeugt sein, daß *er* hier der Profane, der Fremde, der Ausgeschlossene ist.

Das Käsemuseum

Herr Palomar steht Schlange in einem Pariser Käseladen. Er will einen bestimmten Ziegenkäse kaufen, den es hier, in Öl eingelegt und mit verschiedenen Kräutern gewürzt, in kleinen durchsichtigen Behältern gibt. Die Schlange bewegt sich langsam an einem Tresen vorbei, auf dem Exemplare der ungewöhnlichsten und verschiedenartigsten Spezialitäten ausgestellt sind. Der Laden hat offenbar den Ehrgeiz, mit seinem Sortiment alle nur irgend denkbaren Formen von Milchprodukten zu dokumentieren. Schon das Schild »*Spécialités froumagères*«, mit diesem seltenen, archaischen oder mundartlichen Adjektiv, weist darauf hin, daß hier die Erbschaft eines Wissens gehütet wird, das eine Kultur durch ihre ganze Geschichte und Geographie hindurch akkumuliert hat.

Drei oder vier junge Verkäuferinnen in rosa Schürzen bedienen die Kunden. Kaum ist eine frei, wendet sie sich dem vordersten in der Schlange zu und bittet ihn, seine Wünsche zu äußern. Der Kunde nennt, oder zeigt noch öfter, indem er sich durch den Laden bewegt, das Objekt seiner präzisen und kennerischen Gelüste.

Im gleichen Augenblick rückt die Schlange einen Schritt vor, und wer bis dahin neben dem *Bleu d'Auvergne* gestanden hat, der von grünen Adern durchzogen wird, findet sich nun auf der Höhe des *Brin d'amour*, in dessen weißlicher Masse winzige gelbe Strohfädchen kleben; wer eine in Blättchen gehüllte Kugel betrachtet hat, kann sich jetzt auf einen mit Asche bestreuten Würfel konzentrieren. Manche ziehen aus diesen Zufallsbegegnungen Inspirationen für neue Reize und Wünsche, ändern die Meinung über das, was sie verlangen wollten, oder ergänzen die Liste um neue Posten. Andere lassen sich keinen Moment lang von ihrem einmal gesetzten Ziel abbringen, und jede weitere Anregung dient ihnen bloß dazu, durch Ausgrenzung den Bereich des hartnäckig Angestrebten zu reduzieren.

Herrn Palomars Seele schwankt zwischen zwei entgegengesetzten Bestrebungen: einerseits dem Drang nach einer vollständigen und erschöpfenden Kenntnis, der sich indes nur befriedigen ließe, wenn er von allem hier kosten würde; andererseits dem Verlangen nach einer absolut freien Wahl, nach Identifizierung der einzigen ihm gemäßen Käsesorte, die sicherlich existiert, auch wenn er sie noch nicht zu erkennen (sich in ihr zu erkennen) vermag.

Oder nein, oder nein: Es geht gar nicht darum, den eigenen Käse zu wählen, sondern gewählt zu werden. Es gibt ein Wechselverhältnis zwischen Käse und Kunde: Jeder Käse wartet auf seinen Kunden und bemüht sich auf seine Weise, ihn anzuziehen und zu reizen, sei's durch eine etwas hochmütig-reservierte Steifheit oder Kernigkeit, sei's durch ein hingebungsvolles Zerfließen.

Ein Ruch von lasziver Komplizenschaft liegt in der Luft: Die geschmackliche und vor allem geruchliche Raffinesse hat ihre Erschlaffungsmomente, in denen sie sich gemein macht, wenn die Käsesorten in ihren Schalen sich darbieten wie in den Lustpolstern eines Bordells. Ein perverses Grinsen durchzieht das Vergnügen, die Objekte der eigenen Freßlust mit anzüglichen Schmähnamen zu benennen: *crottin, boule de moine, bouton de culotte...*

Nicht dies ist die Art von Kenntnis, die es Herrn Palomar sehr zu vertiefen drängt, ihm würde es genügen, die Einfachheit eines direkten physischen Verhältnisses zwischen Mensch und Käse zu realisieren. Doch wenn er anstelle der Käsesorten nur Käsenamen sieht, Käsebegriffe, Käsebedeutungen, Käsegeschichten, Käsekontexte, Käsepsychologien, wenn er – mehr als zu wissen – erspürt, daß hinter jedem Käse all dies und vielleicht noch mehr steckt, dann wird sein Verhältnis zum Käse sehr kompliziert.

Der Käseladen erscheint Herrn Palomar wie eine Enzyklopädie für Autodidakten. Er könnte sämtliche Namen auswendig lernen, er könnte eine Klassifizierung versuchen, nach den äußeren Formen (als Seifenstück, als Zylinder, als Kuppel, als Ball), nach der inneren Konsistenz (trocken, butterweich, sämig, geädert, kompakt), nach dem involviertem Fremdmaterial (Rosinen, Pfeffer, Nüsse, Sesam, Kräuter, Schimmelpilze) usw., aber das alles würde ihn keinen Schritt näher zur wahren Erkenntnis bringen, die nur zu erreichen ist, wenn man die Aromen der Reihe nach ausprobiert, also durch die konkrete Erfahrung, die sich aus Erinnerung und Vorstellungsvermögen zusammensetzt, und allein auf dieser Grundlage könnte er eine Skala von Geschmäckern und Präferenzen, Kuriosem und Auszuschließendem aufstellen.

Hinter jedem Käse steckt eine Weide von anderem Grün unter anderem Himmel: salzige Marschwiesen als Produkt der allabendlichen normannischen Flut, duftende Bergwiesen unter der windreichen provençalischen Sonne; es gibt verschiedene Herden mit ihren Stallungen und Transhumanzen, es gibt geheime, durch die Jahrhunderte weitergereichte Rezepte. Dieser Laden ist ein Museum: Herr Palomar kommt sich vor wie im Louvre, hinter jedem Exponat spürt er die Präsenz der Kultur, die ihm Form gegeben hat und aus ihm Form bezieht.

Dieser Laden ist ein Wörterbuch: Die Sprache ist das System der Käsesorten in seiner Gesamtheit, eine Sprache, deren Morphologie eine Vielzahl verschiedenster Deklinationen und Konjugationen enthält und deren Wortschatz einen unerschöpflichen Reichtum an Synonymen, idiomatischen Wendungen, Konnotationen und Bedeutungsschattierungen aufweist – wie in allen Sprachen, die sich am Beitrag von hundert verschiedenen Dialekten nähren. Eine Sprache aus Dingen, die Nomenklatur ist nur äußerlich, instrumentell, doch ein bißchen Nomenklatur zu lernen bleibt für Herrn Palomar stets das erste, was es zu tun gilt, wenn er die vor seinen Augen vorbeifließenden Dinge einen Moment lang festhalten will.

Er zieht ein Notizbuch und einen Stift aus der Tasche, er beginnt, sich die Namen aufzuschreiben und neben jeden Namen eine charakteristische Eigenschaft zu notieren, die ihm später erlauben soll, sich an das Bild zu erinnern. Er versucht auch, eine grobe Skizze der jeweiligen Form zu zeichnen. Er schreibt *Pavé d'Airvault* und notiert dazu

»grüne Schimmelpilze«, er zeichnet ein flaches Parallelepiped und vermerkt auf der einen Seite »ca. 4 cm«. Er schreibt *St. Maure* und notiert dazu »körniger grauer Zylinder mit einem Stöckchen darin«, er zeichnet den Käse und schätzt seine Höhe nach Augenmaß auf »ca. 20 cm«. Er schreibt *Chabicholi* und zeichnet einen kleinen Zylinder...

»*Monsieur! Houhou! Monsieur!*« Eine junge rosagekleidete Käseverkäuferin reißt ihn aus seinen Notizen. Er ist an der Reihe, er muß sich äußern, alle in der Schlange hinter ihm beobachten schon sein unpassendes Verhalten, schütteln die Köpfe mit jener halb ungeduldigen, halb ironischen Miene, mit welcher die Großstädter heutzutage die wachsende Zahl der Schwachsinnigen in den Straßen betrachten.

Der erlesene Feinschmeckerwunsch, den er vortragen wollte, ist ihm entfallen, er stammelt und zieht sich auf das Gängigste, das Banalste, das Produkt mit der größten Werbung zurück – als hätten die Automatismen der Massenzivilisation nur auf diesen Moment seiner Unsicherheit gewartet, um ihn wieder in ihre Gewalt zu bringen.

Marmor und Blut

Die Reflexionen, zu denen der Metzgerladen den wartenden Kunden anregt, betreffen Kenntnisse, die über Jahrhunderte in verschiedenen Wissenszweigen tradiert worden sind: die Kompetenz in Sachen Fleisch und seiner Zerteilung, die jeweils optimale Zubereitung der Stücke, die Riten zur Besänftigung der Gewissensbisse über die Tötung anderer Leben zur Erhaltung des eigenen. Die Weisheit des Metzgerns und die der schmackhaften Zubereitung gehören zu den exakten Wissenschaften, die sich durch Experimente verifizieren lassen, unter Berücksichtigung der von Land zu Land wechselnden Gebräuche und Techniken; die Weisheit des Opferns dagegen ist von Ungewißheit überschattet und zudem seit Jahrhunderten in Vergessenheit geraten, aber sie lastet auf unserem Bewußtsein dunkel, als unausgedrückte Forderung. Eine ehrfürchtige Andacht vor allem, was mit dem Fleisch zu tun hat, leitet Herrn Palomar, der sich anschickt, drei Beefsteaks zu kaufen. Zwischen den Marmorwänden der Metzgerei verharrt er wie in einem Tempel, im Bewußtsein, daß seine individuelle Existenz und die der Kultur, der er angehört, von diesem Ort bedingt sind.

Die Schlange der Kunden bewegt sich langsam an dem hohen Marmortresen vorbei, an den Konsolen und Regalen, auf denen die Fleischstücke sich aneinanderreihen, jedes mit einem hineingesteckten Namens- und Preisschild. Dem lebhaften Rot des Rindfleischs folgt das zarte Rosa des Kalbfleischs, das Hellrot des Lammfleischs und das dunklere Rot des Schweinernen. Purpurn leuchten mächtige Rumpsteaks neben kreisrunden Tournedos von der gefütterten Dicke einer Speckschwarte, zarte und schlanke Lendenfilets neben breiten Koteletts mit griffigen Knochen, massige Rundstücke, rundum mager, neben Bergen von Suppenfleisch, geschichtet in mager und fett, Bratenstücke in Erwartung des Spießes, der sie zur Konzentration auf sich selber zwingt. Dann kommen mildere Farben: Kalbsschnitzel, Kalbslenden, Kälbernes von Rücken und Brust und Bauch, und schon treten wir ins Reich der Lammkeulen und der Lammrücken. Weiter hinten schimmert weiß eine Schüssel mit Kutteln, schwarz eine Leber...

Hinter dem Tresen schwingen weißgekleidete Metzger ihre Beile mit trapezoider Klinge, ihre Hack- und Schneidemesser, ihre Knochensägen und ihre Fleischklopfer, mit denen sie die rosigen Ringellöckchen in den Trichter des Fleischwolfs pressen. Hoch über ihnen hängen an riesigen Haken geviertelte Körper, um uns daran zu erinnern, daß jeder Happen, den wir verzehren, Teil eines Wesens ist, aus dessen lebendigem Ganzen er mit gewaltsamer Willkür gerissen wurde.

Eine Schautafel an der Wand zeigt das Profil eines Rindes wie eine geographische Karte, durchzogen von Grenzlinien zur Markierung der eßbaren Zonen, unter Einschluß der ganzen Anatomie des Tieres außer den Hörnern und Hufen. Die Karte des menschlichen Habitats ist ebendiese, nicht weniger als eine schematisierte Weltkarte – beides Protokolle, die bestätigen, welche Rechte der Mensch sich angemaßt hat, Rechte auf Inbesitznahme, restlose Aufteilung und totalen Verzehr der irdischen Kontinente und der Lenden des tierischen Körpers.

Zugegeben, die Symbiose Mensch-Rind hat im Lauf der Jahrhunderte eine gewisse Balance erreicht (erlaubt sie doch beiden Gattungen weiter, sich zu vermehren), wenn auch eine asymmetrische (zwar liefert der Mensch dem Rind die Nahrung, aber er ist nicht gehalten, sich ihm persönlich als Speise darzubieten), und sie hat das Blühen der sogenannten menschlichen Zivilisation garantiert, die jedoch mindestens zu einem Teil die mensch-rindliche genannt werden müßte (die partiell mit der mensch-schaflichen koinzidiert und noch partieller mit der mensch-schweinlichen, je nach den Alternativen einer komplexen Geographie religiöser Verbote). Herr Palomar partizipiert an dieser Symbiose mit klarem Bewußtsein und vollem Konsens: Obwohl er durchaus in dem von der Decke baumelnden Rinderrumpf die Person des eigenen gevierteilten Bruders erkennt und im Lendenschnitt die Wunde, die das eigene Fleisch verletzt, weiß er doch, daß er ein Fleischfresser ist, konditioniert durch seine Ernährungstradition, in einem Metzgerladen die Verheißung höchsten Gaumenglücks zu erfassen, sich beim Betrachten dieser rötlichen Scheiben die Streifen vorzustellen, die der heiße Rost und die Flammen auf den gegrillten Steaks hinterlassen werden, und das Vergnügen der Zähne beim Zerreißen der gebräunten Faser.

Das eine Gefühl schließt das andere nicht aus: Die Seelenlage Herrn Palomars, der in der Metzgerei Schlange steht, ist zugleich von Vorfreude und von Ehrfurcht geprägt, von Verlangen und von Respekt, von egoistischer Selbstsucht und von universalem Mitgefühl – eine Seelenlage, die andere vielleicht im Gebet ausdrücken.

Herr Palomar im Zoo

Der Lauf der Giraffen

Herr Palomar steht im Zoo von Vincennes vor dem Giraffengehege. Immer wieder fangen die großen Giraffen, gefolgt von den kleinen, plötzlich zu laufen an, stürmen heran bis dicht vor das Gitternetz des Geheges, machen kehrt und stürmen zurück, wiederholen das Ganze zwei oder dreimal in wildem Gerenne und bleiben dann stehen. Herr Palomar wird nicht müde, ihren Lauf zu beobachten, fasziniert von der Disharmonie ihrer Bewegungen. Es gelingt ihm nicht zu entscheiden, ob sie galoppieren oder traben, denn die Gangart der Vorderbeine hat nichts mit dem Gang der Hinterbeine zu tun. Die schlaksigen Vorderbeine krümmen sich bis zur Brust und rollen sich auf bis zum Boden, als wären sie unsicher, welche der vielen Gelenke sie einbiegen sollen. Die Hinterbeine, die sehr viel kürzer und steifer sind, hoppeln ungelenk hinterher, als wären sie Holzbeine oder humpelnde Krücken, aber nur wie zum Spaß, als wüßten sie, daß sie komisch sind. Unterdessen geht der weit vorgestreckte Hals in wogenden Wellenbewegungen auf und nieder wie der Arm eines Krans, ohne daß sich ein Verhältnis zwischen seinen Bewegungen und denen der Beine herstellen ließe. Hinzu kommt ein wippendes Auf und Nieder der Kruppe, aber das ist nur die Bewegung des Halses, die sich in die restliche Wirbelsäule hinein fortsetzt.

Die Giraffen erscheinen wie Apparate, die aus heterogenen Maschinenteilen zusammengebaut worden sind, aber dennoch perfekt funktionieren. Allmählich erkennt Herr Palomar, während er weiter den Lauf der Giraffen beobachtet, eine vertrackte Harmonie, die jenes disharmonische Hoppeln regiert, eine innere Proportion, die noch die krassesten anatomischen Disproportionen zusammenhält, eine natürliche Anmut, die aus jenem ungraziösen Gestakse hervorgeht. Das einheitsstiftende Element sind die Flecken des Fells, die sich zu unregelmäßigen, aber homogenen Figuren verteilen, und die eckigen scharfen Konturen: Sie passen wie ein exaktes graphisches Äquivalent zu der segmentierten Gangart des Tieres. Mehr als von Flecken müßte man von einem schwarzen Überzug sprechen, dessen Einheitlichkeit durch helle Äderungen zersetzt wird, die aufplatzen und ein Rautenmuster verfolgen – eine Diskontinuität in der Pigmentierung, die bereits die Diskontinuität der Bewegungen annonciert.

Aber nun hat Herrn Palomars kleine Tochter das Giraffenbetrachten endgültig satt und zerrt ihn zur Grotte der Pinguine. Herr Palomar, dem die Pinguine Angst machen, folgt ihr widerwillig und fragt sich, warum die Giraffen ihn so sehr interessieren. Vielleicht, weil die Welt rings um ihn her sich disharmonisch bewegt und er immer hofft, einen Plan darin zu entdecken, eine Konstante. Vielleicht, weil er spürt, daß er selber planlos vorgeht, getrieben von unkoordinierten Geistesregungen, die anscheinend nichts miteinander zu tun haben und sich immer schwerer in irgendein inneres Harmoniemuster bringen lassen.

Der Albino-Gorilla

Im Zoo von Barcelona gibt es das einzige auf der Welt bekannte Exemplar eines Albino-Großaffen, einen weißen Gorilla aus Zentralafrika. Herr Palomar drängt sich durch die Menge der Neugierigen vor seinem »Pavillon«. Hinter einer Glasfront erhebt sich *Copito de Nieve* (»Schneeflocke«, wie er heißt), ein Berg von Fleisch und weißem Fell. Sitzt da mit dem Rücken an eine Wand gelehnt und sonnt sich. Die Gesichtsmaske, ganz von Runzeln zerfurcht, ist von einer menschlichen Rosigkeit, auch die Brust zeigt eine kahle und rosige Haut wie bei einem Menschen der weißen Rasse. Hin und wieder dreht sich das Knittergesicht mit den Zügen eines traurigen Riesen zu der Besuchermenge jenseits der Scheibe, kaum einen Meter entfernt; ein müder Blick voller Trostlosigkeit und Geduld und Überdruß, ein Blick, der die ganze Resignation ausdrückt, die ganze Ergebenheit in das Schicksal, so zu sein, wie man ist, weltweit einziges Exemplar einer nicht gewählten und nicht geliebten Form, die ganze Bürde der eigenen Einmaligkeit, die ganze Pein, den Raum und die Zeit mit der eigenen so massiven und sichtbaren Gegenwart anzufüllen.

Die Glasfront öffnet die Sicht auf ein kleines Freigehege, umgeben von hohen gemauerten Wänden, die ihm das Aussehen eines Gefängnishofes verleihen, aber in Wirklichkeit ist es der »Garten« des Käfig-Hauses der Gorillas, auf dessen Lehmboden sich ein kahles Bäumchen erhebt nebst einer Eisentreppe, wie man sie aus Turnhallen kennt. Im Hintergrund sitzt das »Weibchen«, eine große schwarze Gorillafrau mit einem gleichfalls schwarzen Kleinen im Arm: Die weiße Fellfarbe ist nicht erblich, *Copito de Nieve* bleibt der einzige Albino unter allen Gorillas.

Weiß und reglos, wie er da sitzt, erscheint er Herrn Palomar uralt wie ein Monument aus unvordenklichen Zeiten, wie die Gebirge oder die Pyramiden. In Wirklichkeit ist er noch ziemlich jung, und nur der Kontrast zwischen seinem rosig getönten Gesicht und den kurzen weißen Haaren, die es umrahmen, und vor allem die Runzeln rings um die Augen lassen ihn wie einen Greis erscheinen. Im übrigen hat er weniger Ähnlichkeit mit einem Menschen als die anderen Primaten: Wo die Nase sein müßte, reißen die Nasenlöcher zwei Abgründe auf; die Hände, behaart und – so möchte man meinen – recht ungeschlacht an den Enden sehr langer und steifer Arme, sind fast noch Füße, und als solche benutzt er sie auch, wenn er geht, indem er sie wie ein Vierfüßler auf den Boden stützt.

Jetzt drücken diese Fuß-Hände einen Autoreifen fest an die Brust. In der enormen Leere seiner Stunden läßt »Schneeflocke« nie von dem Reifen ab. Was mag dieser Gegenstand für ihn sein? Ein Spielzeug? Ein Fetisch? Ein Talisman? Herr Palomar meint, den Gorilla sehr gut verstehen zu können, sein Bedürfnis nach einer Sache, die er festhalten kann, während ihm alles entgleitet, nach einem Ding, das ihm Halt bietet in seiner Angst vor der Isolation, dem Anderssein, dem Verurteiltsein, immer als lebendes Phänomen betrachtet zu werden, von seinen Weibern und seinen Kindern wie von den Zoobesuchern.

Auch die Gorillafrau besitzt einen Autoreifen, aber für sie ist er ein Gebrauchsgegenstand, zu dem sie ein praktisches und problemloses Verhältnis hat: Sie sitzt darin wie in einem Sessel und sonnt sich, während sie ihr Baby laust. Für *Copito de Nieve* hingegen scheint der Kontakt mit dem Reifen etwas Affektives zu sein, etwas Possessives und in gewisser Weise Symbolisches. Als könnte sich darin ein Spalt auftun, ein Ansatz zu dem, was für den Menschen die Suche nach einem Ausweg aus dem Lebensüberdruß ist: das Sicheinbringen in die Dinge, das Sich in den Zeichen Wiedererkennen, das Verwandeln der Welt in einen Zusammenhang von Symbolen: fast ein erstes Aufdämmern von Kultur in der langen biologischen Nacht. Als Mittel, um dies zu erreichen, verfügt der weiße Gorilla nur über einen alten Reifen, ein Artefakt der menschlichen Produktion, ihm äußerlich, ohne jeden Symbolwert, bar aller Signifikate, abstrakt. Man sollte meinen, aus seiner kontemplativen Betrachtung ließe sich nicht viel gewinnen. Und doch, was ist besser als gerade ein leerer Kreis imstande, alle Bedeutungen anzunehmen, die man ihm zuschreiben möchte? Vielleicht ist der Gorilla, während er sich in ihn einfühlt, gerade dabei, auf dem Grunde des Schweigens die Quellen der Sprache zu finden, einen Strom von Beziehungen herzustellen zwischen seinen Gedanken und der sturen unerbittlichen Evidenz der Fakten, die sein Leben bestimmen...

Herr Palomar geht aus dem Zoo, aber das Bild des Albino-Gorilla geht ihm nicht aus dem Kopf. Er versucht, mit allen möglichen Leuten darüber zu sprechen, aber so oft er es auch versucht, niemand hört ihm recht zu. Nachts, in den Stunden der Schlaflosigkeit wie in den kurzen Träumen, erscheint ihm weiter der weiße Riese.

Wie der Gorilla seinen Reifen hat, als greifbaren Anhalt für eine wahnhafte wortlose Rede – denkt er –, so habe ich dieses Bild eines weißen Affen. Wir alle drehen immerzu einen leeren alten Reifen zwischen den Händen, mit dessen Hilfe wir gern jenen letzten Sinn erreichen würden, zu dem die Worte nicht vordringen.

Die Ordnung der Schuppentiere

Herr Palomar würde gern verstehen, warum ihn die Leguane so faszinieren. In Paris geht er von Zeit zu Zeit in den Reptilienpavillon des Jardin des Plantes und ist nie enttäuscht. Was der Anblick des Leguans als solcher an Außerordentlichem, ja Einzigartigem hat, ist ihm durchaus klar, doch er fühlt, daß da noch etwas mehr sein muß, und er weiß nicht recht, was es ist.

Der Grüne Leguan (*Iguana iguana*) hat eine Haut, die aussieht wie aus winzigen grüngesprenkelten Schuppen geflochten. Von dieser Haut hat er zuviel: am Hals, an den Füßen bildet sie Falten, Taschen, Schlaufen, wie ein Kleidungsstück, das glatt am Körper anliegen müßte, aber statt dessen überall lose herunterhängt. Längs der Wirbelsäule erhebt sich ein Zackenkamm, der bis zum Schwanz weitergeht; der Schwanz ist ebenfalls grün bis zu einem bestimmten Punkt, danach wird er blasser und segmentiert sich in Ringe von wechselnder Farbe: hellbraun und dunkelbraun. Über dem breiten Maul auf dem grünen Schuppenkopf öffnet und schließt sich das Auge, und genau dieses »entwickelte« Auge, ein Auge mit Blick, mit Interesse, mit Traurigkeit, weckt den Gedanken, daß in dieser Drachengestalt ein anderes Wesen verborgen sein könnte: ein Tier, das mehr denen ähnelt, die uns vertraut sind, ein Lebewesen, das uns näher steht, als es scheint...

Dann weitere stachlige Kämme unter dem Kinn, am Hals zwei runde weiße Plättchen wie von einem Hörapparat: eine Menge Zubehör und Beiwerk, Zierat und Schutzvorrichtungen, eine Musterkollektion der verfügbaren Formen im Tierreich und vielleicht noch in anderen Reichen, zuviel für ein einziges Tier, was macht es mit all dem Zeug? Dient es als Maske für jemanden, der uns aus seinem Innern betrachtet?

Die Vorderfüße mit ihren fünf Fingern würden eher an Krallen als an Hände erinnern, säßen sie nicht an richtigen Armen, die muskulös und wohlgestaltet erscheinen; anders die langen und weichen Hinterfüße mit Fingern wie Pflanzenableger. Aber im Ganzen vermittelt das Tier, wenn auch aus der Tiefe seiner reglosen resignierten Trägheit, ein Bild von Kraft.

Bevor Herr Palomar zur Vitrine des *Iguana iguana* gelangt ist, hat er die mit den zehn kleinen übereinanderkrabbelnden Leguanen betrachtet, die mit geschickten Bewegungen ihrer Ellenbogen und Knie unablässig die Position wechseln und sich allesamt in die Länge strecken: die Haut von einem glänzenden Grün, ein kupferfarbenes Pünktchen an der Stelle, wo Fische die Kiemen haben, ein weißer Kammbart und helle Augen, weit offen rings um die schwarze Pupille. Dann die Steppen-Warane, die sich im Sand von gleicher Farbe verstecken, die schwarzgelben Tejus oder Tupinambis, fast schon Krokodile, die afrikanischen Gürtelschweife mit stachligen Schuppen, dicht wie ein Pelz oder Laub, sandfarben und so konzentriert in ihrem Bemühen, sich von der Welt abzuschließen, daß sie sich einkringeln und den Schwanz auf den Kopf legen. Der oben graugrüne, unten weiße Panzer einer Meeresschildkröte wirkt im Wasser eines Aquariums fleischig und weich, der spitze Kopf ragt hervor wie aus einem Stehkragen.

Das Leben im Pavillon der Reptilien erscheint wie eine Verschwendung von Formen ohne Stil und Plan, in der alles möglich ist: Tiere und Pflanzen und Steine tauschen miteinander Schuppen und Stacheln und Krusten aus, doch von der unendlichen Zahl der möglichen Kombinationen gerinnen nur einige – vielleicht gerade die allerunglaublichsten – zu einer festen Form, widerstehen dem Fluß, der sie zersetzt und durcheinanderwirbelt und neugestaltet, und sofort wird aus jeder dieser Formen der Mittelpunkt einer Welt, für immer getrennt von den anderen, wie hier in den aneinandergereihten Zoo-Vitrinen, und in dieser endlichen Zahl von Seinsweisen – jede identifiziert in einer ihr eigenen Monstrosität und einer ihr eigenen Notwendigkeit und einer ihr eigenen Schönheit – besteht die Ordnung, die einzige Ordnung, die in der Welt zu erkennen ist. Der Leguan-Saal im Jardin des Plantes, mit seinen illuminierten Vitrinen, in denen Reptilien im Halbschlaf sich zwischen den Zweigen und Felsen ihres heimischen Waldes oder im Sand ihrer Wüste verbergen, spiegelt die Ordnung der Welt, sei sie der Reflex des Ideenhimmels auf Erden oder die äußere Erscheinungsform des geheimen Wesens der Dinge, der verborgenen Norm am Grunde des Seienden.

Ist es dieses Klima, mehr als die Reptilien selbst, was Herrn Palomar dunkel anzieht? Eine feuchte und weiche Wärme durchtränkt die Luft wie einen Schwamm; ein scharfer, schwerer, fauliger Geruch zwingt einen, den Atem anzuhalten; Licht und Schatten stagnieren in einer reglosen Mischung aus Tagen und Nächten: Sind dies die Eindrücke, die man gewinnt, wenn man einen Blick ins Außermenschliche wagt? Hinter der Scheibe einer jeden Vitrine zeigt sich die Welt, wie sie war, bevor der Mensch existierte, oder wie sie nach ihm sein wird, um zu beweisen, daß die Welt des Menschen nicht ewig ist und nicht die einzige. Ist es das, was Herr Palomar sich vor Augen führen will, wenn er diese Terrarien inspiziert, in denen die Pythons und Boas schlafen, die Klapperschlangen aus Indien und die Baumnattern von den Bermudas?

Doch von den Welten, aus denen der Mensch ausgeschlossen ist, zeigt jede Vitrine nur ein winziges Ansichtsmuster, herausgerissen aus einem natürlichen Zusammenhang, der ebensogut auch nie existiert haben könnte, wenige Kubikmeter Atmosphäre, die von ausgetüftelten Apparaten auf bestimmten Temperatur- und Feuchtigkeitsgraden gehalten werden. Also wird jedes Exemplar dieses vorsintflutlichen Bestiariums künstlich am Leben gehalten, fast als wäre es nur eine Hypothese des Geistes, ein Erzeugnis der Phantasie, ein Konstrukt der Sprache, ein paradoxes Demonstrationsobjekt, um zu beweisen, daß die einzige wahre Welt die unsere sei...

Als wenn der Reptiliengeruch erst jetzt unerträglich würde, drängt es Herrn Palomar plötzlich ins Freie. Um hinauszugelangen, muß er durch den großen Saal der Krokodile, vorbei an einer Reihe von Wasserbecken, die durch Barrieren getrennt sind. Im trockenen Teil neben jedem Wasserbecken liegen die Krokodile, einzeln oder in Paaren, farblos, gedrungen, ungeschlacht, grauenerregend, schwer und platt ausgestreckt auf dem Boden über die ganze Länge der grausamen Kiefern, der kalten Bäuche und breiten Schwänze. Alle scheinen zu schlafen, auch die mit offenen Augen, oder vielleicht sind alle schlaflos in einer desolaten Starre, auch mit geschlossenen Augen. Ab und zu regt sich eins, hebt sich träge auf seine kurzen Beine, kriecht zum Beckenrand und läßt sich hineinfallen mit einem dumpfen Plumpsen; eine Welle schwappt hoch, dann treibt es im Wasser, reglos wie zuvor. Ist es eine grenzenlose Geduld, was sie damit bezeugen, oder eine unendliche Verzweiflung? Was erwarten sie, oder was haben sie aufgehört zu erwarten? In welche Zeit sind sie eingetaucht? In die der Gattung, jenseits des rasenden Ablaufs der Stunden von der Geburt bis zum Tod des Individuums? Oder in die der Erdzeitalter, die Kontinente verschiebt und die Krusten der aufgetauchten Landmassen hart werden läßt? Oder in die des langsamen, langen Erkaltens der Sonne? Der Gedanke einer Zeit außerhalb unserer Erfahrung ist unerträglich. Herr Palomar beeilt sich hinauszugelangen, die Reptilien kann man nur ab und zu und nur flüchtig besuchen.

Herrn Palomars Schweigen

Herrn Palomars Reisen

Das Sandbeet

Ein kleiner Hof, bedeckt mit weißem grobkörnigem Sand, fast Kies, geharkt in parallelen Geraden und konzentrischen Kreisen rings um fünf unregelmäßige Gruppen von Steinen oder flachen Felsbrocken. So präsentiert sich eins der berühmtesten Monumente der japanischen Kultur, der Stein- und Sandgarten des Ryoanji-Tempels in Kyoto, Sinnbild einer kontemplativen Versenkung ins Absolute, die mit einfachsten Mitteln zu erreichen ist, ganz ohne Rekurs auf verbale Begriffe, wenn man den Lehren der Zen-Mönche folgt, der spirituellsten Sekte des Buddhismus.

Das farblose Sandgeviert wird auf drei Seiten von ziegelgedeckten Mauern begrenzt, hinter denen Bäume grünen. An der vierten Seite ist eine hölzerne Tribüne mit Stufen, auf denen das Publikum Platz nehmen kann. »Wenn unser inneres Auge sich in den Anblick dieses Gartens versenkt«, erläutert der Handzettel, den die Besucher erhalten, auf Japanisch und Englisch, unterzeichnet vom Abt des Tempels, »fühlen wir uns befreit von der Relativität unseres individuellen Ichs, während uns die Ahnung des absoluten Ichs mit ruhigem Staunen erfüllt und unsere vernebelten Sinne reinigt.«

Herr Palomar ist bereit, diese Ratschläge treu zu befolgen. Er setzt sich auf die Stufen und betrachtet die Felsen,

Stein für Stein, er folgt den Linien im weißen Sand und läßt die undefinierbare Harmonie, die den Teilen des Bildes Zusammenhalt gibt, langsam in sich eindringen.

Oder vielmehr: Er versucht sich das alles so vorzustellen, wie es jemand empfinden würde, der sich darauf konzentrieren könnte, den Zen-Garten in Stille und Einsamkeit zu betrachten. Denn – das haben wir vergessen zu sagen – Herr Palomar ist auf der Tribüne eingezwängt zwischen Hunderten von Besuchern, die ihn von allen Seiten bedrängen, Fotoapparate und Filmkameras schieben ihre Objektive zwischen die Ellenbogen, die Knie, die Ohren der Menge, um den Sand und die Steine, beleuchtet vom Tageslicht und von den Blitzlichtern, aus allen möglichen Winkeln aufzunehmen. Füße in Wollsocken übersteigen ihn rudelweise (die Schuhe läßt man, wie überall in Japan, am Eingang), große Kinderscharen werden von pädagogisch beflissenen Eltern in die vorderste Reihe geschoben, Trupps von uniformierten Schülern drängeln sich durch, einzig darauf bedacht, den Pflichtbesuch des berühmten Monuments rasch hinter sich zu bringen, während gewissenhafte Touristen mit rhythmischen Auf und Ab des Kopfes prüfen, ob alles, was im Führer geschrieben steht, auch wirklich der Realität entspricht, und ob alles, was in der Realität zu sehen ist, auch wirklich im Führer geschrieben steht.

»Wir können den Sandgarten als einen Archipel von Felseninseln in der unendlichen Weite des Ozeans sehen, oder als Gipfel hoher Berge, die aus einem Wolkenmeer aufragen. Wir können ihn als ein Gemälde sehen, umrahmt von den Mauern des Tempels, oder auch den Rahmen vergessen und uns vorstellen, das Sandmeer erstrecke sich grenzenlos und bedecke die ganze Welt.«

Diese »Gebrauchsanweisungen« sind dem Handzettel zu entnehmen, und sie erscheinen Herrn Palomar auch ganz plausibel und jederzeit mühelos anwendbar, vorausgesetzt, man ist wirklich sicher, eine Individualität zu haben, von der man sich befreien kann, und die Welt aus dem Innern eines Ichs zu betrachten, das sich aufzulösen und reiner Blick zu werden vermag. Doch genau diese Voraussetzung erfordert ein Mehr an Vorstellungskraft, das nur schwer aufzubringen ist, wenn man sein Ich in einer kompakten Masse eingekeilt findet, die durch ihre tausend Augen blickt und auf ihren tausend Füßen die obligate Besichtigungstour absolviert.

Bleibt also nur zu folgern, daß die mentalen Zen-Techniken zur Erlangung der äußersten Demut, der totalen Loslösung von aller Possessivität und Hoffart, als unabdingbaren Hintergrund das aristokratische Privileg verlangen, den Individualismus mit viel Raum und Zeit um sich her, den Horizont einer sorglosen Einsamkeit?

Nein, diese Folgerung, die bloß zur üblichen Klage über ein verlorenes Paradies führt, das vom Ansturm der Massenzivilisation überrollt worden ist, klingt Herrn Palomar zu einfach. Er geht lieber einen schwereren Weg und versucht zu erfassen, was ihm der Zen-Garten hier und heute zu sehen gibt, in der einzigen Situation, in der man ihn heute betrachten kann, den Hals gereckt zwischen zahllosen anderen Hälsen.

Was sieht er? Er sieht die menschliche Gattung in der Ära

der großen Zahlen, ausgedehnt zu einer nivellierten Masse, die gleichwohl noch immer aus einzelnen Individualitäten besteht, wie dieses Meer von Sandkörnern, das die Oberfläche der Welt überschwemmt... Er sieht die Welt dessenungeachtet weiter die steinernen Buckel ihrer gegen das Schicksal der Menschheit indifferenten Natur vorzeigen, ihre harte Substanz, nicht reduzierbar auf menschliches Maß... Er sieht die Formen, zu denen der menschliche Sand gerinnt, tendenziell den Bewegungslinien folgen, als Zeichnungen, die Gleichmaß und Flüssigkeit miteinander verbinden wie die geradlinigen oder kreisrunden Harkspuren eines Rechens... Und zwischen der Menschheit-als-Sand und der Welt-als-Stein ist eine mögliche Harmonie zu erahnen, wie zwischen zwei inhomogenen Harmonien: jener des Nichtmenschlichen in einem Kräftegleichgewicht, das keinem Plan zu entsprechen scheint, und jener der menschlichen Strukturen, die nach der Rationalität einer geometrischen oder musikalischen Komposition strebt, ohne sie je zu erreichen...

Schlangen und Schädel

In Mexiko besucht Herr Palomar die Ruinen von Tula, der alten Toltekenhauptstadt. Ein mexikanischer Freund begleitet ihn, ein begeisterter und beredter Kenner der präkolumbianischen Kulturen, der ihm wunderschöne Legenden von Quetzalcoatl erzählt. Bevor er ein Gott wurde, war Quetzalcoatl ein König, und hier in Tula stand sein Palast; erhalten geblieben ist davon eine Anzahl stumpf abgebrochener Säulen, die sich rings um ein Impluvium verteilen, ein bißchen wie in einer altrömischen Villa.

Der Tempel des Morgensterns ist eine abgeflachte Stufenpyramide, auf deren breiter Plattform sich vier hohe zylindrische Säulenfiguren erheben, sogenannte »Atlanten«, die den Gott Quetzalcoatl als Morgenstern darstellen (indem sie einen Schmetterling, das Symbol des Sterns, auf dem Rücken tragen), außerdem vier Reliefpfeiler, die den Gefiederten Schlangengott darstellen, also wieder denselben Gott, diesmal in Tiergestalt.

All das kann man einfach nur glauben. Andererseits wäre es schwierig, das Gegenteil zu beweisen. In der altmexikanischen Archäologie stellt jede Figur, jeder Gegenstand, jedes Detail eines Flachreliefs etwas dar, alles bedeutet etwas, das etwas bedeutet, das seinerseits etwas bedeutet. Ein Tier bedeutet einen Gott, der einen Stern bedeutet, der ein

Element bedeutet oder eine menschliche Eigenschaft, und so weiter. Wir befinden uns in der Welt der Bilderschrift. Wenn die Tolteken schreiben wollten, zeichneten sie Figuren, aber auch wenn sie einfach nur zeichneten, war es, als ob sie schrieben: Jede Figur erscheint wie ein Bilderrätsel, ein zu entzifferndar Rebus. Selbst noch die abstraktesten, rein geometrischen Friese auf einer Tempelwand können als Sonnenstrahlen gedeutet werden, wenn man darin ein Motiv mit unterbrochenen Linien sieht, oder man kann eine Zahlenabfolge in ihnen lesen, je nachdem, wie sich die Mäander verschlingen. Hier in Tula wiederholen die Flachreliefs stilisierte Tiere: Jaguare, Coyoten. Der mexikanische Freund erklärt Herrn Palomar jeden Stein, übersetzt ihn in kosmische Mythenerzählungen, Allegorien, moralische Reflexionen.

In den Ruinen zieht eine Schülergruppe umher: schmächtige Buben mit indianischen Zügen, vielleicht Nachkommen der Erbauer dieser Tempel, gekleidet in eine schlichte weiße Uniform mit blauen Halstüchern, wie sie die Pfadfinder tragen. Ein junger Lehrer führt sie umher, nicht viel größer als die Buben und kaum viel älter, mit dem gleichen runden und ruhigen braunen Gesicht. Sie steigen die hohen Stufen zur Plattform der Pyramide hinauf und scharen sich um die Säulen, der Lehrer erklärt, zu welcher Kultur die Säulen gehören, aus welchem Jahrhundert sie stammen, aus welchem Stein sie gehauen sind, dann schließt er: »Man weiß nicht, was sie bedeuten«, und die Schülerschar folgt ihm wieder hinunter. Zu jeder Statue, zu jeder Figur in einem Flachrelief oder auf einer Säule macht der

Lehrer ein paar knappe sachliche Angaben, und jedesmal fügt er dann unweigerlich hinzu: »Man weiß nicht, was es bedeuten soll.«

Hier zum Beispiel ist ein sogenannter *Chac-mool*, ein Statuentypus, dem man recht häufig begegnet: eine halb liegende Menschenfigur, die eine flache Schale trägt. Auf diesen Schalen, sagen übereinstimmend die Experten, wurden die blutigen Herzen der bei den Menschenopfern Getöteten präsentiert. An und für sich könnte man in diesen Figuren auch gutmütige, komisch-groteske Fratzen sehen, aber jedesmal, wenn Herr Palomar eine sieht, läuft ihm unwillkürlich ein Schauder über den Rücken.

Die Schülerschar kommt vorbei. Der junge Lehrer erklärt: »*Esto es un chac-mool. No se sabe lo que quiere decír*«, und geht weiter.

Immer wieder begegnet Herr Palomar, obwohl er den Erläuterungen seines Freundes folgt, am Ende der Schülergruppe und hört auf die Worte des Lehres. Er ist fasziniert von der Fülle an mythologischen Querverweisen, mit denen sein kundiger Freund zu hantieren weiß, das Spiel des Interpretierens, die allegorische Deutung sind ihm stets als eine souveräne Übung des Geistes erschienen. Doch er fühlt sich auch von der entgegengesetzten Haltung des Schullehrers angezogen. Was ihm zunächst als ein schroffer Ausdruck von Desinteresse erschienen war, enthüllt sich ihm langsam als ein wohlüberlegter pädagogischer Plan, eine bewußt gewählte Methode dieses ernsten und gewissenhaften jungen Erziehers, eine Regel, von der er nicht abgehen will: Ein Stein, eine Figur, ein Zeichen, ein Wort, die uns isoliert von ihrem Kontext erreichen, sind nichts als eben nur dieser Stein, diese Figur, dieses Zeichen oder Wort; wir können versuchen, sie als solche zu definieren und zu beschreiben, aber mehr nicht; wenn sie hinter dem Antlitz, das sie uns zeigen, noch ein verborgenes Antlitz haben, muß es uns verborgen bleiben. Die Weigerung, mehr zu begreifen als das, was diese Steine uns zeigen, ist vielleicht die einzig mögliche Art und Weise, ihr Geheimnis zu achten. Es erraten zu wollen, ist Anmaßung, Verrat an ihrer verlorengegangenen wahren Bedeutung.

Hinter der Pyramide gelangt man in einen Gang oder Korridor zwischen zwei Mauern, eine aus gestampftem Lehm, die andere aus behauenem Stein: die Mauer der Schlangen. Sie ist vielleicht das schönste Stück in Tula: ein Fries als Flachrelief, bestehend aus lauter Schlangen, von denen jede einen menschlichen Schädel im Maul hält, als wollte sie ihn gerade verschlingen.

Die Schüler kommen vorbei. Der Lehrer erklärt: »Dies ist die Mauer der Schlangen. Jede Schlange hält einen Schädel im Maul. Man weiß nicht, was sie bedeuten.«

Herrn Palomars Freund kann nicht länger an sich halten: »Aber ja doch, das weiß man sehr wohl! Es ist die Kontinuität von Leben und Tod, die Schlangen bedeuten das Leben und die Schädel den Tod: das Leben, das Leben ist, weil es den Tod in sich trägt, und den Tod, der Tod ist, weil es ohne Tod kein Leben gibt . . .«

Die Schüler stehen baff mit offenem Mund, die schwarzen Augen weit aufgerissen. Herr Palomar denkt: Jede Übersetzung verlangt nach einer weiteren Übersetzung und so fort. Er fragt sich: Was bedeuteten Tod und Leben, Kontinuität und Übergang für die alten Tolteken? Und was können sie für diese Kinder bedeuten? Und für mich? – Doch er weiß: Nie könnte er das Bedürfnis in sich ersticken, zu übersetzen, überzugehen aus einer Sprache in eine andere, von konkreten Figuren zu abstrakten Worten, von abstrakten Symbolen zu konkreten Erfahrungen, wieder und wieder ein Netz von Analogien zu knüpfen. Nicht zu interpretieren ist unmöglich, genauso unmöglich wie sich am Denken zu hindern.

Kaum sind die Schüler um eine Biegung verschwunden, hebt die beharrliche Stimme des kleinen Lehrers wieder an: »*No es verdad*, es ist nicht wahr, was dieser Señor euch gesagt hat. Man weiß nicht, was sie bedeuten.«

Der einzelne Pantoffel

Auf einer Reise in ein orientalisches Land hat Herr Palomar sich ein Paar Pantoffeln gekauft, in einem Basar. Nach Hause zurückgekehrt, probiert er sie an und stellt fest: Der eine ist größer als der andere und fällt ihm vom Fuß. Er erinnert sich an den alten Händler in einem Winkel jenes Basars, wie er auf den Fersen hockte vor einem Haufen Pantoffeln in allen Größen, kunterbunt durcheinander; er sieht ihn vor sich, wie er in dem Haufen wühlte, um einen Pantoffel in der passenden Größe zu finden, wie er ihn drängte, den empfohlenen anzuprobieren, wie er dann weiterwühlte und ihm den zweiten reichte, den er ohne Anprobe nahm.

Vielleicht geht jetzt gerade ein anderer mit zwei verschieden großen Pantoffeln durch jenes Land – denkt Herr Palomar und sieht einen hageren Schatten durch die Wüste hinken, mit einem zu weiten Pantoffel, der ihm bei jedem Schritt abgleitet, oder mit einem zu engen, der ihm den Fuß einschnürt. – Vielleicht denkt auch er jetzt gerade in diesem Moment an mich und hofft, daß wir uns begegnen, um tauschen zu können. Das Verhältnis, das uns verbindet, ist konkreter und klarer als ein großer Teil der Beziehungen, die sich zwischen Menschen bilden. Und doch werden wir uns nie begegnen. – Herr Palomar beschließt, die beiden verschieden großen Pantoffeln weiter zu tragen, aus Solidarität mit seinem unbekannten Unglücksgenossen, um diese so seltene Komplementarität lebendig zu halten, diese symmetrische Spiegelung hinkender Schritte über Kontinente hinweg.

Er verharrt eine Weile bei der Vorstellung dieses Bildes, obwohl er weiß, daß es nicht der Wahrheit entspricht. Eine Lawine serienmäßig genähter Pantoffeln ergießt sich periodisch über den Haufen des alten Händlers, um ihn wieder aufzufüllen. Zwar werden tief unten auf dem Grunde des Haufens stets zwei einzelne, ungepaarte Pantoffeln bleiben, aber solange der Alte seinen Vorrat nicht ausschöpft (und vielleicht wird er ihn nie ausschöpfen, und wenn er gestorben ist, geht die Ware an seine Erben über und an die Erben der Erben), braucht er nur in dem Haufen zu wühlen, und stets wird er einen Pantoffel finden, der zu einem anderen Pantoffel paßt. Nur bei einem zerstreuten Kunden wie Herrn Palomar konnte ein Irrtum passieren, aber es können Jahrhunderte vergehen, bis sich die Folgen dieses Irrtums auf einem anderen Kunden jenes alten Basars niederschlagen. Jeder Zersetzungsprozeß im Ordnungsgefüge der Welt ist irreversibel, aber die Auswirkungen des Prozesses werden verdeckt und hinausgezögert durch die Staubwolke der großen Zahlen, die praktisch unbegrenzte Möglichkeiten zu neuen Symmetrien, Kombinationen und Paarungen in sich birgt.

Doch wenn nun mein Irrtum – denkt Herr Palomar – nur einen früheren Irrtum ausgelöscht hätte? Wenn meine Zerstreutheit nicht Unordnung, sondern Ordnung gestiftet hätte? Vielleicht wußte der Händler sehr wohl, was er tat, als er mir den einzelnen Pantoffel gab, vielleicht hat er damit eine uralte Disparität behoben, die sich seit Jahrhunderten in seinem Haufen verbarg, weitergegeben von Generation zu Generation in jenem Basar?

Der unbekannte Genosse hinkte vielleicht in einer anderen Epoche, die Symmetrie ihrer Schritte spiegelt sich nicht nur über Kontinente hinweg, sondern auch über Jahrhunderte. Was indessen kein Grund für Herrn Palomar ist, sich weniger solidarisch mit ihm zu fühlen. So schlurft er weiter mühsam umher, um seinem Schatten Erleichterung zu verschaffen.

Herr Palomar in Gesellschaft

Vom Sich auf die Zunge beißen

In einer Zeit und in einem Lande, da alle sich Arme und Beine ausreißen, um ihre Ansichten oder Urteile zu verkünden, ist es Herrn Palomar zur Gewohnheit geworden, sich immer erst dreimal auf die Zunge zu beißen, ehe er irgend etwas behauptet. Wenn er von dem, was er sagen wollte, auch beim dritten Biß auf die Zunge noch überzeugt ist, sagt er es, andernfalls hält er den Mund. Tatsächlich verbringt er oft Wochen, ja ganze Monate schweigend.

An guten Gelegenheiten zum Schweigen fehlt es ihm nie, doch kommt es auch vor, daß er später bedauert, etwas nicht gesagt zu haben, was er im rechten Moment hätte sagen können. Nämlich in jenen seltenen Fällen, wenn ihm aufgeht, daß die Fakten bestätigt haben, was er gedacht hat, und daß er, hätte er seinen Gedanken geäußert, vielleicht einen gewissen, wenn auch nur minimalen Einfluß auf das Geschehen hätte ausüben können. In solchen Fällen gerät er in einen Zwiespalt zwischen der Genugtuung, richtig gedacht zu haben, und einem Schuldgefühl über seine allzu große Zurückhaltung. Beide Gefühle können so stark sein, daß er versucht ist, sie verbal auszudrücken, doch nachdem er sich dreimal, ja sechsmal auf die Zunge gebissen hat, überzeugt er sich, daß weder Gründe zum Stolz noch solche zur Reue bestehen.

Richtig gedacht zu haben ist kein Verdienst: Statistisch gesehen ist es fast unvermeidlich, daß sich unter den vielen haltlosen, wirren oder banalen Gedanken, die ihm in den Sinn kommen, ab und zu auch ein scharfsinniger oder gar wirklich genialer befindet, und so wie er ihm gekommen ist, kommt er gewiß auch anderen.

Strittiger ist die Frage, ob es richtig gewesen ist, seinen Gedanken für sich zu behalten. In Zeiten allgemeinen Verstummens ist Anpassung an das Schweigen der Mehrheit zweifellos falsch. In Zeiten, da alle zuviel reden, kommt es indessen nicht so sehr darauf an, das Richtige zu sagen, das ohnehin in der Flut von Wörtern untergeht, als es ausgehend von Prämissen und im Hinblick auf Konsequenzen zu sagen, die dem Gesagten größtmöglichen Wert verleihen. Wenn aber der Wert einer einzelnen Äußerung in der Kontinuität und Kohärenz des Redezusammenhangs liegt, in dessen Verlauf sie geäußert wird, bleibt einem nur die Wahl, entweder ununterbrochen zu reden oder gar nicht. Im ersten Falle würde Herr Palomar zu erkennen geben, daß sein Denken nicht geradlinig, sondern im Zickzack verläuft, durch Schwankungen, Widerrufe und Korrekturen, zwischen denen die Richtigkeit seiner Äußerung unterginge. Der zweite Fall impliziert eine Kunst des Schweigens, die noch schwieriger ist als die Kunst des Redens.

Tatsächlich kann auch das Schweigen als ein Reden betrachtet werden, nämlich als Ausdruck der Ablehnung des Gebrauchs, den andere von den Worten machen. Doch der Sinn dieses redenden Schweigens liegt dann in seinen Unterbrechungen, also in dem, was man ab und zu sagt und was dem Nichtgesagten eine Bedeutung verleiht.

Oder besser: Ein Schweigen kann dazu dienen, gewisse Worte auszuschließen oder sie aufzuheben, um sie bei einer besseren Gelegenheit zu gebrauchen. Ebenso wie ein Wort, das jetzt gesagt wird, morgen hundert Worte ersparen oder tausend andere erzwingen kann. Jedesmal, wenn ich mir auf die Zunge beiße – schließt im Geiste Herr Palomar –, muß ich nicht nur bedenken, was ich gerade sagen oder nicht sagen will, sondern auch alles, was, wenn ich rede oder nicht rede, von den anderen oder von mir gesagt oder nicht gesagt werden wird. – Nachdem er sich diesen Gedanken zurechtgelegt hat, beißt er sich auf die Zunge und schweigt.

Vom Ärger mit der Jugend

In einer Zeit, da die Unduldsamkeit der Älteren gegenüber der Jugend und der Jugend gegenüber der älteren Generation ihren Gipfel erreicht hat, da die Alten nichts anderes tun als Argumente zu sammeln, um den Jungen endlich einmal zu sagen, was sie verdienen, und die Jungen nichts anderes erwarten als diese Gelegenheit, um zu beweisen, daß die Alten nie was kapieren, bringt Herr Palomar kein Sterbenswörtchen hervor. Denn immer, wenn er sich einzumischen versucht, muß er feststellen, daß alle sich viel zu hitzig für ihre gerade vertretenen Thesen ereifern, um auf das zu hören, was er gerade sich selber klarzumachen versucht.

Die Sache ist nämlich die, daß Herr Palomar, statt eigene Wahrheiten zu verkünden, lieber Fragen stellen würde, und er versteht natürlich, daß niemand Lust hat, die eingefahrenen Gleise der eigenen Ansichten zu verlassen, um auf Fragen zu antworten, die, weil aus einer anderen Sicht der Dinge kommend, den Gefragten zwingen würden, die gleichen Dinge in anderen Worten zu überdenken und sich womöglich auf unbekanntem Gelände wiederzufinden, fern von den sicheren Wegen. Noch lieber würde Herr Palomar von den anderen gefragt werden, allerdings würden auch ihm nur gewisse Fragen gefallen und andere nicht.

Nämlich nur jene, die er beantworten könnte, indem er sagen würde, was er sagen zu können meint, aber nur sagen könnte, wenn er darum gebeten würde. Doch es denkt ohnehin niemand auch nur im Traum daran, ihn um irgend etwas zu bitten.

Bei diesem Stand der Dinge begnügt sich Herr Palomar damit, im Stillen über die Schwierigkeit eines Dialogs mit der Jugend nachzugrübeln.

Die Schwierigkeit – denkt er – kommt daher, daß uns ein unüberbrückbarer Graben trennt. Etwas muß da passiert sein zwischen meiner und ihrer Generation, ein Erfahrungszusammenhang ist zerrissen: Wir haben keine gemeinsamen Bezugspunkte mehr.

Nein – denkt er weiter –, die Schwierigkeit kommt daher, daß ich jedesmal, wenn ich sie tadeln oder kritisieren oder ermahnen oder beraten will, sofort daran denken muß, daß auch ich, als ich jung war, mir solche Vorwürfe, Kritiken, Ermahnungen oder Ratschläge zuzog, ohne auf sie zu hören. Die Zeiten waren anders, und daraus ergaben sich große Unterschiede im Verhalten, in der Sprache, in den Sitten und Bräuchen, aber meine geistigen Mechanismen von damals waren nicht sehr verschieden von den ihrigen heute. Also habe ich keinerlei Recht und Befugnis zu reden.

Lange schwankt Herr Palomar unentschieden zwischen diesen beiden Betrachtungsweisen der Frage. Dann entscheidet er sich: Es gibt keinen Widerspruch zwischen den beiden Positionen. Die Auflösung des Zusammenhangs zwischen den Generationen kommt aus der Unmöglichkeit, die Erfahrungen weiterzugeben und den anderen die Fehler, die man selber gemacht hat, zu ersparen. Den wahren Abstand zwischen zwei Generationen bestimmen die Elemente, die sie gemeinsam haben und die zur zyklischen Wiederholung immer derselben Erfahrungen zwingen – wie in den Verhaltensweisen der Tiere, die als biologisches Erbgut weitergegeben werden. Die wirklichen Differenzen dagegen, die zwischen uns und ihnen bestehen, sind das Ergebnis der irreversiblen Wandlungen, die jede Epoche mit sich bringt, also abhängig von dem historischen Erbe, das wir ihnen übergeben haben, der wahren Erbschaft, für die wir verantwortlich sind, auch wenn wir es manchmal nicht wissen. Darum haben wir ihnen nichts beizubringen: Auf das, was am meisten unseren Erfahrungen ähnelt, können wir keinen Einfluß nehmen; in dem, was unseren Stempel trägt, erkennen wir uns nicht wieder.

Das Modell der Modelle

Im Herrn Palomars Leben gab es eine Zeit, da er folgende Regel hatte: erstens im Kopf ein Modell konstruieren, ein möglichst perfektes, logisches, geometrisches; zweitens dann prüfen, ob das Modell auf die praktischen, in der Erfahrung beobachtbaren Fälle paßt, und drittens schließlich die nötigen Korrekturen anbringen, damit Modell und Realität übereinstimmen. Dieses Verfahren, entwickelt von den Physikern und Astronomen, um die Struktur der Materie und des Universums zu untersuchen, schien Herrn Palomar als einziges zu erlauben, die höchst verwickelten menschlichen Fragen in Angriff zu nehmen, vor allem die der Gesellschaft und der besten Art zu regieren. Es ging darum, sich einerseits die form- und sinnlose Realität des menschlichen Miteinanders vor Augen zu halten, die nichts als Ungeheuerlichkeiten und Katastrophen erzeugt, und andererseits das Modell eines perfekten gesellschaftlichen Organismus, gezeichnet mit klaren Linien, Geraden, Kreisen, Ellipsen, Parallelogrammen und Diagrammen mit Abszissen und Ordinaten.

Um ein Modell zu konstruieren – das wußte Herr Palomar –, braucht man etwas, wovon man ausgehen kann, mit anderen Worten, man muß Prinzipien haben, aus denen man durch Deduktion seine Überlegungen herleiten kann.

Solche Prinzipien, auch Axiome oder Postulate genannt, wählt man nicht, sondern hat man schon, denn hätte man keine, könnte man gar nicht zu denken beginnen. So hatte denn auch Herr Palomar welche, aber da er weder ein Mathematiker noch ein Logiker war, machte er sich nicht die Mühe, sie zu definieren. Deduzieren war jedoch eine seiner bevorzugten Tätigkeiten, da er sich ihr allein und in Ruhe widmen konnte, ohne besondere Apparaturen, jederzeit und an jedem beliebigen Ort, im Sessel sitzend wie beim Spazierengehen. Induktion dagegen sah er mit einem gewissen Mißtrauen, vielleicht weil ihm seine Erfahrungen ungenau und bruchstückhaft vorkamen.

Die Konstruktion eines Modells war somit für ihn ein Wunder an Gleichgewicht zwischen den (im dunkeln gelassenen) Prinzipien und der (ungreifbaren) Erfahrung, aber das Resultat mußte eine sehr viel festere Konsistenz haben als die einen wie auch die andere. In einem gut konstruierten Modell muß in der Tat jedes Detail von den anderen so konditioniert sein, daß alles mit absoluter Kohärenz zusammenhält wie in einem Mechanismus, in dem, wenn nur ein einziges Zahnrädchen stehenbleibt, alles zum Stillstand kommt. Das Modell ist *per definitionem* das, woran es nichts mehr zu ändern gibt, das perfekt Funktionierende – während die Realität, wie wir jeden Tag sehen, nicht funktioniert und überall aus dem Leim geht, so daß einem gar nichts anderes übrig bleibt, als sie zu zwingen, die Form des Modells anzunehmen, im Guten oder im Bösen.

Lange hatte Herr Palomar sich bemüht, eine abgeklärte Gelassenheit und Distanz zu erreichen, für die nichts anderes zählt als die heitere Harmonie der Linien des Plans: Jeder Riß, den die menschliche Realität zu erleiden hatte, um sich mit dem Modell zu identifizieren, jede Verzerrung und Verkürzung, der sie dabei unterworfen wurde, mußte als momentaner und irrelevanter Unfall betrachtet werden. Doch wandte er dann für einen Moment den Blick von der so harmonischen, so geometrisch klaren Figur am Himmel der idealen Modelle ab, so sprang ihm ein menschliches Panorama ins Auge, in dem die Ungeheuerlichkeiten und Katastrophen durchaus nicht verschwunden waren, im Gegenteil, so daß die Linien des Plans entstellt und verzerrt erschienen.

Was dann erforderlich wurde, war eine subtile Arbeit der Adjustierung, die schrittweise Korrekturen am Modell vornahm, um es einer möglichen Realität anzunähern, sowie an der Realität, um sie dem Modell anzunähern. In der Praxis ist nämlich die Strapazierfähigkeit der menschlichen Natur nicht so unbegrenzt, wie er anfangs geglaubt hatte, und umgekehrt kann auch das starrste Modell eine gewisse unerwartete Elastizität bezeugen. Kurzum, wenn es dem Modell nicht gelingt, die Realität zu verändern, müßte es der Realität gelingen, das Modell zu verändern.

Was sich allmählich veränderte, war Herrn Palomars Regel: Jetzt brauchte er eine Vielzahl verschiedener Modelle, die sich womöglich ineinander verwandeln ließen nach einem kombinatorischen Testverfahren, um dasjenige zu finden, das am besten auf eine Realität paßte, die ihrerseits immer aus vielen verschiedenen Realitäten bestand, in der Zeit und im Raum.

Bei alledem war es nicht etwa so, daß Herr Palomar selbst Modelle entwarf oder sich abmühte, schon entworfene anzuwenden: Er begnügte sich mit der bloßen Vorstellung eines korrekten Gebrauchs korrekter Modelle, um den Abgrund zwischen den Prinzipien und der Realität, den er immer mehr aufreißen sah, zu füllen. Kurzum, die Art und Weise, wie Modelle gehandhabt und dirigiert werden können, blieb außerhalb seiner Kompetenzen und Eingriffsmöglichkeiten. Mit diesen Dingen beschäftigen sich für gewöhnlich ganz andere Leute als er: Leute, die Modelle und ihre Funktionalität nach anderen Kriterien beurteilen, nämlich in erster Linie als Machtinstrumente, weniger nach den Prinzipien oder den Konsequenzen im Leben der Menschen. Was im Grunde auch ganz natürlich ist, denn schließlich ist das, was die Modelle zu modellieren trachten, noch immer ein Machtsystem. Doch wenn die Effizienz des Systems sich an seiner Unverwundbarkeit und seiner Fähigkeit zum Überdauern bemißt, wird das Modell zu einer Art Festung, deren dicke Mauern verbergen, was draußen geschieht. Herr Palomar, der sich von Mächten und Gegenmächten nur immer das Schlimmste erwartet, ist schließlich zur Überzeugung gelangt, daß letztlich nur zählt, was *trotz* der Mächte zustandekommt: diejenige Form der Gesellschaft, die sie allmählich annimmt, stillschweigend, anonym, in ihren Gewohnheiten, ihren Denk- und Handlungsweisen, in der Rangfolge ihrer Werte. Wenn aber die Dinge so liegen, dann müßte das Modell der Modelle, das Herrn Palomar vage vorschwebte, zur Konstruktion von durchlässigen, hauchdünnen, spinnwebzarten Modellen dienen, womöglich zur Auflösung der Modelle, ja zur Selbstauflösung.

An diesem Punkt blieb Herrn Palomar nur noch, die Modelle und das Modell der Modelle aus seinem Denken zu tilgen. Nachdem er auch diesen Schritt vollzogen hatte, steht er nun unmittelbar Auge in Auge vor der schwer zu beherrschenden und nicht homogenisierbaren Realität, um jeweils von Fall zu Fall sein Ja oder Nein oder Jein zu formulieren. Um das zu tun, ist es besser, den Kopf frei zu haben, nur möbliert mit Erinnerungen an Erfahrungsbruchstücke und an unausgesprochene, unbeweisbare Prinzipien. Keine Leitlinie, aus der er besondere Befriedigung ziehen kann, aber die einzige, die ihm praktikabel erscheint.

Solange es nur darum geht, die Übel der Gesellschaft anzuprangern und die Mißbräuche derer, die ihre Macht mißbrauchen, hat er keine Hemmungen (höchstens insofern, als er fürchtet, daß auch die besten und korrektesten Dinge, wenn man zuviel davon redet, am Ende langweilig, schal und abgedroschen klingen). Schwieriger findet er es, sich zu äußern, wenn es um Abhilfemaßnahmen geht, denn er möchte erst sicher sein, daß sie nicht noch größere Übel und Mißbräuche provozieren und, wenn sie klug von aufgeklärten Reformern erdacht worden sind, dann auch schadlos von deren Nachfolgern praktiziert werden können – Nachfolgern, die vielleicht unfähig sind, vielleicht pflichtvergessen, vielleicht unfähig und pflichtvergessen zugleich.

Jetzt bräuchte er all diese schönen Gedanken nur noch in eine systematische Form zu bringen, doch ein Skrupel hält ihn zurück: Was, wenn daraus ein Modell würde? Also zieht er es vor, seine Überzeugungen lieber in flüssigem Zustand zu lassen, sie fallweise zu überprüfen und daraus die implizite Regel seines Alltagsverhaltens zu machen, im Tun und Lassen, im Wählen und Verwerfen, im Reden und Schweigen.

Herrn Palomars Meditationen

Die Welt betrachtet die Welt

Nach einer Reihe von intellektuellen Mißgeschicken, die hier nicht weiter Erwähnung verdienen, hat Herr Palomar beschlossen, daß seine Haupttätigkeit in Zukunft darin bestehen wird, die Dinge von außen zu betrachten. Leicht kurzsichtig, wie er ist, zerstreut und introvertiert, scheint er vom Temperament her nicht gerade der Typ zu sein, den man gewöhnlich für einen Beobachter hält. Dennoch passiert es ihm immer wieder, daß sich bestimmte Dinge – eine Mauer, eine Muschelschale, ein Blatt, eine Teekanne – in sein Blickfeld drängen, als bäten sie ihn um eine längere und minutiöse Aufmerksamkeit: Fast unwillkürlich beginnt er sie zu betrachten, sein Blick verfängt sich in allen Details, er kann sich nicht mehr von ihnen lösen. So hat er beschlossen, von nun an seine Aufmerksamkeit zu verdoppeln: erstens um sich diese Anrufe, die er von den Dingen erhält, nicht entgehen zu lassen, und zweitens um der Operation des Betrachtens die Bedeutung zu geben, die sie verdient.

An diesem Punkt kommt es zu einer ersten Krise. In der Gewißheit, daß ihm die Welt von nun an einen unendlichen Reichtum an zu betrachtenden Dingen enthüllen werde, beginnt Herr Palomar alles, was ihm vor Augen kommt, zu fixieren: Er findet keinen Gefallen daran und hört wieder auf. Es folgt eine zweite Phase, in der er überzeugt ist, daß nur einige Dinge betrachtenswert sind und andere nicht und daß er hingehen muß, um sie zu suchen. Doch dazu muß er sich jedesmal mit Problemen des Wählens und des Verwerfens und der Aufstellung von Präferenzhierarchien befassen, und bald wird ihm klar, daß er auf bestem Wege ist, alles zu ruinieren – wie immer, wenn er sich selbst ins Spiel bringt, das eigene Ich und all die Probleme, die er mit seinem Ich hat.

Aber wie stellt man es an, etwas zu betrachten und dabei das eigene Ich aus dem Spiel zu lassen? Wem gehören die Augen, die da betrachten? Gewöhnlich meint man, das Ich sei jemand, der aus den eigenen Augen herausschaut wie aus einem Fenster, um die Welt zu betrachten, die sich in ihrer ganzen Weite vor ihm erstreckt. Also gibt es ein Fenster, das sich zur Welt auftut. Draußen ist die Welt. Und drinnen? Auch die Welt, was denn sonst? Mit einer kleinen Anstrengung seiner Konzentration gelingt es Herrn Palomar, die Welt vor ihm heranzuholen und an das Fensterbrett zu postieren. Gut, und was bleibt nun draußen vor dem Fenster? Noch immer die Welt, die sich auf einmal verdoppelt hat in eine betrachtende und eine betrachtete Welt. Und er, auch Ich genannt, also Herr Palomar? Ist nicht auch er ein Stück Welt, das ein anderes Stück Welt betrachtet? Oder vielleicht, da es nun eine Außenwelt gibt und eine Welt innen am Fenster, ist das Ich nichts anderes als eben das Fenster, durch das die Welt die Welt betrachtet? Ja, um sich selbst zu betrachten, braucht die Welt Augen: die Augen (und Augengläser) des Herrn Palomar.

Also wird nun Herr Palomar die Dinge von außen betrachten und nicht von innen. Doch das genügt nicht: Er wird sie auch mit einem Blick betrachten, der von außen kommt und nicht mehr aus seinem Innern. Sofort macht er sich an das Experiment: Nicht er ist es, der nun betrachtet, sondern die Außenwelt, die hinausschaut. Dies festgelegt, blickt er umher in Erwartung einer allgemeinen Verklärung. Von wegen! Weit und breit nur das übliche Alltagsgrau. Er muß alles noch einmal von vorn studieren. Es genügt nicht zu sagen, daß die Außenwelt auf das Außen schaut: Vom *betrachteten* Ding muß die Linie ausgehen, die es mit dem betrachtenden Ding verbindet.

Aus dem stummen Haufen der Dinge muß etwas kommen: ein Zeichen, ein Anruf, ein Wink. Ein Ding tritt aus der Masse der anderen Dinge hervor, um etwas zu bedeuten... Aber was? Sich selbst. Ein Ding genießt die Betrachtung durch andere Dinge nur, wenn es überzeugt ist, sich selbst und nichts anderes zu bedeuten, inmitten von Dingen, die nur sich selbst bedeuten, nichts anderes.

Dergleichen Gelegenheiten sind freilich selten, doch früher oder später müssen sie sich ergeben. Es genügt zu warten, bis eine jener glücklichen Konstellationen eintritt, in denen die Welt im gleichen Moment betrachten und betrachtet werden will und Herr Palomar sich gerade dazwischen befindet. Oder besser: Herr Palomar muß nicht einmal darauf warten, denn solche Dinge geschehen nur, wenn man sie am wenigsten erwartet.

Das Universum als Spiegel

Herr Palomar leidet sehr unter seinen Schwierigkeiten in der Beziehung zum Nächsten. Er beneidet die Leute mit der Gabe, immer das richtige Wort zu finden, den richtigen Ton für jeden, die sich mit allen wohl fühlen und allen ein Wohlgefühl geben, die sich locker und zwanglos unter den Leuten bewegen und immer wissen, wann sie in Deckung oder auf Distanz gehen müssen und wann sie sich Sympathie und Vertrauen erwerben können, die im Kontakt mit den anderen ihr Bestes geben und den anderen Lust machen, gleichfalls ihr Bestes zu geben, die immer gleich wissen, was sie von einem halten sollen, im Verhältnis zu sich und überhaupt.

Diese Gaben – denkt Herr Palomar mit der Bekümmertheit dessen, der sie nicht hat – werden denen zuteil, die mit der Welt im Einklang leben. Ihnen gelingt es auf ganz natürliche Weise, ein harmonisches Verhältnis nicht nur zu den Menschen herzustellen, sondern auch zu den Dingen, den Orten, den Situationen und Konstellationen, zum Lauf der Gestirne am Himmel wie zur Aggregation der Atome in den Molekülen. Die Lawine von simultanen Ereignissen, die wir »das Universum« nennen, läßt jene Glücklichen ungeschoren, die noch durch die feinsten Ritzen zwischen der Unzahl von Kombinationen, Permutationen und Konsequenzverkettungen durchzuschlüpfen verstehen und dabei die Bahnen der mörderischen Meteoriten meiden, um nur die wohltuenden Strahlungen aufzufangen. Wer dem Universum wohlgesonnen ist, dem ist auch das Universum wohlgesonnen. Könnte ich doch – seufzt Herr Palomar – ebenso sein!

Er beschließt zu probieren, es jenen Glücklichen nachzutun. Von nun an wird all sein Bemühen darauf gerichtet sein, sich mit der ihm nächsten Menschheit ebensogut in Einklang zu bringen wie mit dem fernsten Spiralnebel im System der Galaxien. Als erstes beginnt er, da er mit seinem Nächsten zu viele Probleme hat, seine Beziehungen zum Universum zu verbessern. Er zieht sich zurück und meidet soweit wie möglich den Umgang mit seinesgleichen, er gewöhnt sich daran, den Kopf leerzuräumen, indem er alle indiskreten Präsenzen daraus vertreibt, er betrachtet den Himmel in sternklaren Nächten, liest Bücher über Astronomie und macht sich so lange mit dem Gedanken der Sternenräume vertraut, bis dieser zu einem festen Bestandteil seiner geistigen Wohnungseinrichtung wird. Dann beginnt er zu üben, sich in Gedanken gleichzeitig die nächsten und fernsten Dinge gegenwärtig zu halten: Wenn er die Pfeife anzündet, darf er bei aller Aufmerksamkeit für die Streichholzflamme, die sich beim nächsten Zug ganz in den Pfeifenkopf einsaugen lassen muß, um die langsame Transformation der Tabakfasern in Glut einzuleiten, keinen Moment lang die Explosion einer Supernova vergessen, die sich im selben Augenblick gerade – das heißt vor ein paar Millionen Jahren – in der Großen Magellan-Wolke ereignet. Der Gedanke, daß alles im Universum zusammenhängt und sich entspricht, verläßt ihn nie: Eine Helligkeitsschwankung im Nebel des Krebses oder die Verdichtung eines Sternhaufens im Andromedanebel können nicht ganz ohne Einfluß auf das Funktionieren seines Plattenspielers sein oder auf die Frische der Kressenblätter in seiner Salatschüssel.

Als er schließlich überzeugt ist, den eigenen Platz genau bestimmt zu haben inmitten des stummen Haufens der Dinge, die im Leeren treiben, inmitten der Staubwolke von aktuellen und eventuellen Ereignissen, die in Raum und Zeit schwebt, hält er den Moment für gekommen, diese kosmische Weisheit auf die Beziehungen zu seinesgleichen anzuwenden. Er beeilt sich, in die Gesellschaft zurückzukehren, knüpft wieder Kontakte, erneuert seinen Bekannten- und Freundeskreis, auch seine Geschäftsverbindungen, unterzieht seine familiären und affektiven Bande einer aufmerksamen Gewissensprüfung und erwartet, daß sich vor seinen Augen nun endlich ein klares, wolkenloses und nebelfreies menschliches Panorama erstreckt, in dem er sich präzise und sicher bewegen kann. Ist es so? Keineswegs. Er verheddert sich in einem Knäuel von Mißverständnissen, Ungewißheiten, Kompromissen und Fehlleistungen, die nichtigsten Fragen werden beängstigend, die gravierendsten platt und banal. Alles, was er sagt oder tut, erscheint ihm linkisch, mißtönend, unentschlossen. Was ist da schiefgelaufen?

Dies: Als er die Gestirne betrachtete, hatte er sich daran gewöhnt, sich selbst als einen anonymen und körperlosen

Punkt zu betrachten, ja fast zu vergessen, daß er existierte. Im Umgang mit den Menschen kann er jetzt nicht umhin, sich selbst ins Spiel zu bringen, aber er weiß nicht mehr, wo sein Selbst sich befindet. Wer es mit anderen Menschen zu tun hat, müßte bei jedem wissen, wie er sich ihm gegenüber einordnen soll und welche Reaktionen der andere in ihm hervorruft – Aversion oder Zuneigung, Unterwerfung oder Abwehr, Neugier, Mißtrauen oder Gleichgültigkeit, Überlegenheits- oder Minderwertigkeitsgefühle, Schüler- oder Lehrerverhalten, Schauspieler- oder Zuschauerhaltungen –, um anhand der eigenen und der Gegenreaktionen des anderen die Regeln des Spiels zu bestimmen, die Züge und Gegenzüge im Verlauf der Partie. Für all das müßte er aber, ehe er sich daran macht, die anderen zu beobachten, erst einmal wissen, wer er selber ist. Die Kenntnis der anderen hat nämlich die Besonderheit, daß sie nicht ohne Selbsterkenntnis zustandekommt, und eben diese ist es, die Herrn Palomar fehlt. Nicht nur Selbsterkenntnis tut not, auch Selbstverständnis, Einverständnis mit den eigenen Mitteln und Zielen und Trieben, und das impliziert die Fähigkeit, auf die eigenen Wünsche und Handlungen einen bestimmenden Einfluß zu nehmen, der sie kontrolliert und lenkt und nicht restringiert oder unterdrückt. Die Leute, an denen Herr Palomar die Richtigkeit jedes Wortes und die Natürlichkeit jeder Geste beneidet, leben, noch ehe sie mit dem Universum in Frieden sind, mit sich selber in Frieden. Er jedoch, der sich selber nicht mag, ist einer unmittelbaren Begegnung mit sich selber stets aus dem Wege gegangen – eben deswegen hatte er sich zu den Galaxien geflüchtet.

Jetzt begreift er, daß er besser damit begonnen hätte, einen inneren Frieden zu finden. Das Universum kann vielleicht ganz gut allein zurechtkommen, er sicher nicht.

Der Weg, der ihm jetzt noch offensteht, ist folgender: Er wird sich von nun an der Selbsterkenntnis widmen, die eigene innere Geographie erkunden, das Diagramm seiner Seelenregungen aufzeichnen, um daraus die gesuchten Formeln und Theoreme abzuleiten, er wird sein Teleskop auf die Kreisbahnen richten, die der Lauf seines Lebens zeichnet, statt auf die der Sternbilder. Wir erkennen nichts, was außer uns ist, wenn wir uns selbst überspringen – denkt er jetzt –, das Universum ist ein Spiegel, in dem wir nur das betrachten können, was wir gelernt haben, in uns selbst zu erkennen.

So vollendet sich auch diese neue Phase seiner Wanderung auf der Suche nach Weisheit. Endlich wird er den Blick ins eigene Innere richten können. Was wird er sehen? Wird ihm seine Innenwelt als ein immenses ruhiges Kreisen einer Spirale von Lichtern erscheinen? Wird er Sterne und Planeten still dahinfahren sehen auf den Parabeln und Ellipsen, die den Charakter und das Schicksal bestimmen? Wird er eine Kugel von unendlichem Ausmaß betrachten, die das Ich als Zentrum hat und das Zentrum an jedem Punkt?

Er öffnet die Augen. Was vor seinem Blick erscheint, kommt ihm altbekannt und alltäglich vor: Straßen voller Passanten, die Eile haben und sich rempelnd vorandrängeln, ohne einander in die Augen zu sehen, zwischen hohen scharfkantigen und abgeblätterten Mauern. In der Ferne sprüht der gestirnte Himmel fiebrige Funken wie ein ins Stocken geratender Mechanismus, der zuckt und knirscht in all seinen nicht geölten Gelenken, Vorposten eines wankenden Universums, hektisch und ruhelos wie er selbst.

Versuch, tot sein zu lernen

Herr Palomar beschließt, von nun an zu tun, als wäre er tot, um zu sehen, wie die Welt ohne ihn weitergeht. Seit einiger Zeit ist ihm aufgefallen, daß es zwischen ihm und der Welt nicht mehr so ist wie früher: Wenn ihm früher schien, daß sie etwas voneinander erwarteten, er und die Welt, so kann er sich jetzt nicht mehr recht erinnern, was es da zu erwarten gab, im Guten oder im Schlechten, und warum ihn diese Erwartung in einer ständigen Unruhe hielt.

Eigentlich müßte er jetzt ein Gefühl der Erleichterung haben, da er sich nicht mehr zu fragen braucht, was die Welt ihm bescheren wird, und er müßte auch fühlen, wie erleichtert die Welt ist, die sich nicht mehr um ihn zu kümmern braucht. Doch bereits die Erwartung dieser begehrten Ruhe macht Herrn Palomar unruhig.

Tot sein ist also gar nicht so leicht, wie es scheinen mag. Zunächst einmal darf man es nicht verwechseln mit nicht mehr vorhanden sein, einem Zustand, der auch die endlose Zeitspanne vor dem Geborenwerden erfüllt, die nur scheinbar spiegelbildlich der ebenso endlosen nach dem Sterben entspricht. Denn bevor wir geboren werden, sind wir ein Teil jener zahllosen Möglichkeiten, die sich vielleicht eines Tages verwirklichen werden, doch wenn wir erst einmal gestorben sind, können wir uns in keiner Zeit mehr verwirklichen, weder in der Vergangenheit (zu der wir dann ganz gehören, aber die wir nicht mehr beeinflussen können) noch in der Zukunft (die uns, auch wenn wir sie beeinflußt haben, verboten bleibt). Herrn Palomars Fall liegt in Wirklichkeit freilich einfacher, da seine Fähigkeit, etwas oder jemanden zu beeinflussen, nie von Belang war. Die Welt kommt bestens ohne ihn aus, er kann sich in aller Ruhe als tot betrachten und muß nicht einmal seine Gewohnheiten ändern. Das Problem ist die Änderung nicht in dem, was er tut, sondern in dem, was er *ist*, genauer: in dem, was er im Verhältnis zur Welt ist. Früher hatte er unter Welt die Welt plus seine Person verstanden, jetzt handelt es sich um ihn plus die Welt minus ihn.

Heißt Welt minus ihn nun das Ende der Unruhe? Eine Welt, in der die Dinge unabhängig von seiner Präsenz und seinen Reaktionen geschehen, nach einer eigenen Gesetzlichkeit oder Notwendigkeit oder Ratio, die ihn nicht betrifft? Die Welle schlägt an die Klippe und höhlt den Stein, die nächste Welle rollt an, die übernächste und noch eine... Ob er nun da und vorhanden ist oder nicht, alles geht weiter seinen Gang. Die Erleichterung, tot zu sein, müßte hierin bestehen: Wenn jener Unruheklecks, den unser Vorhandensein darstellt, ausgelöscht ist, zählt als einziges nur noch die Ausbreitung und Aufeinanderfolge der Dinge unter der Sonne in ihrer unerschütterlich heiteren Ruhe. Alles ist Ruhe oder tendiert zur Ruhe, auch die Gewitterstürme, die Erdbeben, die Vulkanausbrüche... Doch war nicht auch ebendies schon die Welt, als er noch da war? Als jeder Sturm den Frieden des Nachher in sich trug, den Moment vorbereitete, da alle Wellen ans Ufer geschlagen sein werden und der Wind seine Kraft erschöpft haben wird? Vielleicht ist tot sein nur eintauchen in den Ozean jener Wellen, die immer Wellen bleiben, und es ist zwecklos zu warten, bis das Meer sich beruhigt.

Der Blick eines Toten ist immer ein bißchen tadelnd. Orte, Situationen, Gelegenheiten sind mehr oder minder dieselben, die man schon kannte, und sie wiederzuerkennen, verschafft einem immer eine gewisse Befriedigung, aber zugleich bemerkt man zahllose kleine oder große Veränderungen, die man an und für sich auch schon akzeptieren könnte, wenn sie einer logischen, kohärenten Entwicklung entsprächen, doch sie erscheinen willkürlich und regellos, und das stört einen, vor allem weil man immer versucht ist einzugreifen, um die Korrektur anzubringen, die man für nötig hält, doch man kann es nicht, weil man ja tot ist. Daher dann ein Widerstreben, fast eine Befangenheit, aber zugleich eine Art Überheblichkeit, wie bei einem, der weiß, daß nur die eigene, selbstgemachte Erfahrung zählt und alles übrige nicht so wichtig zu nehmen ist. Und bald entsteht auch ein dominantes Gefühl, das jeden Gedanken beherrscht, nämlich die Erleichterung zu wissen, daß alle Probleme nur die Probleme der anderen sind, ihre Sache. Den Toten müßte eigentlich alles egal sein, da nicht mehr sie die Aufgabe haben, darüber nachzudenken, und so unmoralisch das klingen mag, gerade in dieser Nichtverantwortlichkeit finden sie ihre Freude.

Je näher Herrn Palomars Seelenzustand dem hier beschriebenen kommt, desto natürlicher wird ihm die Vorstellung, tot zu sein. Gewiß, er hat noch nicht jene abgeklärte Distanz gefunden, die er den Toten zu eigen glaubte, auch keine Vernunft, die über alles Erklären hinausgeht, auch keinen Ausgang aus der eigenen Begrenztheit wie aus einem Tunnel, der sich zu anderen Dimensionen öffnet. Ab und zu wähnt er, sich wenigstens von der Ungeduld befreit zu haben, die ihn sein ganzes Leben hindurch begleitet hatte, wenn er die anderen alles, was sie anpackten, falsch machen sah und wenn er dann dachte, daß er an ihrer Stelle nicht weniger Fehler machen, aber sich immerhin wenigstens darüber Rechenschaft ablegen würde. Indessen: Er hat sich ganz und gar nicht davon befreit, und er begreift nun, daß die Unduldsamkeit gegenüber den eigenen Fehlern und denen der anderen fortdauern wird mit den Fehlern selbst, die kein Tod auslöscht. Also kann man sich auch genauso gut an sie gewöhnen: Tot sein heißt für Herrn Palomar, sich an die Enttäuschung gewöhnen, daß man nun immer derselbe sein wird, in einer Endgültigkeit, die zu ändern man nicht mehr hoffen kann.

Herr Palomar unterschätzt keineswegs die Vorteile, die das Lebendigsein vor dem Totsein haben kann, nicht im Blick auf die Zukunft, wo die Risiken immer groß sind und die Erfolge nur selten von langer Dauer, sondern im Blick auf die Chance, das Bild der eigenen Vergangenheit zu verbessern (es sei denn, man wäre bereits mit der eigenen Vergangenheit vollauf zufrieden, ein Fall von zu geringem Interesse, als daß er sich zu erörtern lohnte). Das Leben eines Menschen besteht aus einer Ansammlung von Ereignissen, deren letztes den Sinn des Ganzen verändern kann, nicht weil es mehr als die früheren zählte, sondern weil die Ereignisse, einmal eingefaßt in ein Leben, sich zu einer Ordnung fügen, die nicht chronologisch ist, sondern einem inneren Bauplan entspricht. Zum Beispiel kann jemand in reifem Alter ein Buch lesen, das für ihn wichtig ist, und dann ausrufen: »Wie konnte ich bisher nur leben, ohne es gelesen zu haben!« oder: »Wie schade, daß ich es nicht schon früher gelesen habe!« Gut, nur sind diese Ausrufe nicht sehr sinnvoll, vor allem der zweite nicht, denn von dem Moment an, da der Betreffende jenes Buch gelesen hat, wird sein Leben zum Leben eines Menschen, der eben jenes Buch gelesen hat, und es spielt kaum eine Rolle, ob er es früh oder spät gelesen hat, denn auch das Leben vor jener Lektüre fügt sich nun unter das Zeichen eben jener Lektüre.

Dies ist der schwierigste Schritt für einen, der lernen will, tot zu sein: sich davon zu überzeugen, daß sein Leben ein abgeschlossenes Ganzes ist, das zur Gänze in der Vergangenheit liegt, so daß er ihm nichts mehr hinzufügen und nichts mehr an ihm verändern kann, nicht einmal durch kleine Umgruppierungen seiner Bestandteile. Gewiß können jene, die weiterleben, aufgrund der von ihnen erlebten Veränderungen gelegentlich auch das Leben der Toten verändern, indem sie formen, was keine Form hatte, oder umformen, was eine andere Form zu haben schien; zum Beispiel indem sie einen, der zu Lebzeiten seiner widergesetzlichen Taten wegen geschmäht worden war, als gerechten Rebellen anerkennen, oder indem sie einem, der sich als Neurotiker oder Verrückter abgetan sah, als großen Dichter oder Propheten feiern. Aber das sind Veränderungen, die hauptsächlich für die Lebenden zählen. Die Toten haben nicht viel davon. Jeder ist ein Produkt seines Lebens und der Art, wie er sein Leben gelebt hat, und die kann ihm keiner nehmen. Wer sein Leben leidend gelebt hat, bleibt ein Produkt seines Leidens, und wenn sie sich anmaßen, ihm das zu nehmen, ist er nicht mehr er selbst.

Deswegen macht sich Herr Palomar darauf gefaßt, ein mürrischer Toter zu werden, der sich nur schwer damit abfinden kann, zum So-wie-er-ist-Bleibenmüssen verurteilt zu sein, aber der nicht bereit ist, auf irgend etwas von sich zu verzichten, auch wenn es ihn belastet.

Sicher könnte ich auch – denkt er manchmal – auf die Anlagen setzen, die gewährleisten, daß zumindest ein Teil von mir in der Nachwelt weiterlebt, und die sich grob gesehen in zwei Kategorien einteilen lassen: in die biologische Anlage, die mir erlaubt, jenen Teil von mir selbst der Nachwelt zu überliefern, den man das genetische Erbe nennt, und in die historische Anlage, die dem Gedächtnis und der Sprache der Weiterlebenden jenes Stück oder bißchen Erfahrung vererbt, das auch der Unbegabteste sammelt und akkumuliert. Wenn man will, kann man diese beiden Anlagen auch als eine einzige sehen, vorausgesetzt, man betrachtet die Folge der Generationen als Phasen eines einzigen Lebens, das Jahrhunderte und Jahrtausende überdauert. Doch damit verschiebt man nur das Problem vom eigenen Tod als Individuum auf das Erlöschen der Gattung, wie spät auch immer dieses erfolgen mag.

Herr Palomar denkt schon, während er seinen eigenen Tod bedenkt, an den Tod der letzten überlebenden Exemplare der Spezies Mensch oder ihrer Nachkommen oder Erben: Auf der zerstörten und verwüsteten Erde landen die Kundschafter eines anderen Planeten, entziffern die Spuren in den Hieroglyphen der Pyramiden und in den Lochstreifen der Elektronenrechner; das Gedächtnis der menschlichen Gattung ersteht von neuem aus seiner Asche und verbreitet sich durch die bewohnten Gebiete des Universums. Und von Aufschub zu Aufschub gelangt man schließlich zu jenem Moment, da es Zeit ist, sich aufzulösen und zu erlöschen an einem leeren Himmel, wenn auch die letzte materielle Gedächtnisstütze, die letzte Erinnerung an das Leben zergangen sein wird in einer lodernden Glut, oder erstarrt mit kristallisierten Atomen im Eis einer reglosen Ordnung.

Wenn die Zeit ein Ende hat – denkt Herr Palomar –, kann man sie auch Moment für Moment beschreiben, und jeder Moment zieht sich, während man ihn beschreibt, derart in die Länge, daß man sein Ende nicht mehr sieht. – Er beschließt, von nun an jeden Moment seines Lebens genau zu beschreiben und, solange er sie nicht alle beschrieben hat, nicht mehr zu denken, er wäre tot. Im selben Augenblick ist es soweit, daß er stirbt.

Die Ziffern 1, 2, 3, die im Inhaltsverzeichnis vor den Kapiteln stehen, gleich ob in der ersten, zweiten oder dritten Position, haben nicht nur einen ordnenden Wert, sondern entsprechen drei thematischen Feldern, drei Typen von Erfahrungen und Fragestellungen, die sich in unterschiedlicher Mischung durch alle Teile des Buches ziehen.

Die 1 entspricht allgemein einer visuellen Erfahrung, deren Gegenstand fast immer Formen der Natur sind. Der Text hat tendenziell deskriptiven Charakter.

Die 2 markiert die Präsenz anthropologischer Elemente, kultureller im weitesten Sinne, und die Erfahrung involviert außer visuellen Gegebenheiten auch die Sprache, die Bedeutungen und die Symbole. Der Text wird tendenziell narrativ.

Die 3 verweist auf Erfahrungen spekulativer Art, betreffend den Kosmos, die Zeit, das Unendliche, die Beziehungen zwischen dem Ich und der Welt, die Dimensionen des Geistes. Aus dem Bereich der Beschreibung und der Erzählung tritt man über in den Bereich der Meditation.

Inhalt

1.   Herrn Palomars Ferien

1.1.   Herr Palomar am Strand
1.1.1. *Versuch, eine Welle zu lesen* 7
1.1.2. *Der nackte Busen* 14
1.1.3. *Das Schwert der Sonne* 18

1.2.   Herr Palomar im Garten
1.2.1. *Die Paarung der Schildkröten* 25
1.2.2. *Das Pfeifen der Amseln* 29
1.2.3. *Der unendliche Rasen* 37

1.3.   Herr Palomar betrachtet den Himmel
1.3.1. *Der Mond am Nachmittag* 43
1.3.2. *Das Auge und die Planeten* 47
1.3.3. *Die Betrachtung der Sterne* 54

2.   Herr Palomar in der Stadt

2.1.   Herr Palomar auf der Terrasse
2.1.1. *Blick über die Dächer der Stadt* 63
2.1.2. *Der Bauch des Gecko* 69
2.1.3. *Die Invasion der Stare* 74

2.2. Herr Palomar beim Einkaufen
2.2.1. *Anderthalb Kilo Gänseschmalz* 81
2.2.2. *Das Käsemuseum* 85
2.2.3. *Marmor und Blut* 90

2.3. Herr Palomar im Zoo
2.3.1. *Der Lauf der Giraffen* 94
2.3.2. *Der Gorilla-Albino* 96
2.3.3. *Die Ordnung der Schuppentiere* 100

3. Herrn Palomars Schweigen

3.1. Herrn Palomars Reisen
3.1.1. *Das Sandbeet* 107
3.1.2. *Schlangen und Schädel* 111
3.1.3. *Der einzelne Pantoffel* 116

3.2. Herr Palomar in Gesellschaft
3.2.1. *Vom Sich auf die Zunge Beißen* 119
3.2.2. *Vom Ärger mit der Jugend* 122
3.2.3. *Das Modell der Modelle* 125

3.3. Herrn Palomars Meditationen
3.3.1. *Die Welt betrachtet die Welt* 131
3.3.2. *Das Universum als Spiegel* 134
3.3.3. *Versuch, tot sein zu lernen* 140

Italo Calvino

Fasziniert von der Idee, Geschichten über die fünf Sinne zu erzählen, führt Calvino in seinem letzten Werk den Leser noch einmal in »Welten, in denen das Leben mehr Leben ist als hier«. Mit Phantasie und stupender Leichtigkeit, mit Klugheit, mit Witz und Doppelbödigkeit erzählt Calvino in den drei, vor seinem Tod vollendeten Geschichten DIE NASE, EIN KÖNIG HORCHT und UNTER DER JAGUAR-SONNE vom Riechen, Hören und Schmecken und erweist sich hier wieder als der große Meister des Erzählens.

Unter der Jaguar-Sonne
1987. 112 Seiten. Leinen

bei Hanser